Pozwól się odnaleźć

W Wydawnictwie KOS ukazała się książka
Daana van Kampenhouta:
Rytuały szamańskie a ustawienia rodzinne
(z przedmową Berta Hellingera)
Katowice 2006

Daan van Kampenhout

Pozwól się odnaleźć

77 rytuałów, ćwiczeń i medytacji,
dzięki którym twój wymarzony partner
znajdzie do Ciebie drogę

Przełożył
Zenon Mazurczak

Wydawnictwo KOS
KATOWICE 2009

Tytuł oryginału:
Ich lasse mich finden
Wie mein Wunschpartner zu mir kommt

Wydanie niderlandzkie ukazało się pod tytułem:
Ruimte voor Relatie. Rituelen, meditaties, oefeningen
w wydawnictwie Altamira-Becht, Haarlem 2002.

Redakcja: Małgorzata Sieczkowska

Projekt okładki:
Hanna Polkowska, Maria Słonecka
Ilustracja tęczy na okładce:
©iStockphoto.com/mcswin – 000006382321

Typografia i łamanie:
Ryszard Liebich – Wydawnictwo KOS

Druk i oprawa
TRIADAPRESS, 40-322 Katowice, ul. Wandy 16k
tel. (032) 2541-790, e-mail: biuro@triadapress.com.pl

Wydawnictwo Kos
www.kos.com.pl
40-110 Katowice ul. Agnieszki 13
tel/fax 032/258 40 45, 032/258 27 20
032/254 02 73, tel 032/258 26 48
e-mail: kos@beep.pl, kos@kos.com.pl

ISBN 978-83-60528-87-7

Spis treści

Podziękowanie

Składam podziękowanie wszystkim kobietom i mężczyznom, z którymi miałem okazję pracować na sesjach indywidualnych i którym mogłem udzielić moich porad. Na ich podstawie wybrałem rytuały, ćwiczenia i medytacje opisane w tej książce. Moi przyjaciele dodawali mi sił, gdy nie nadążałem z pisaniem. Dziękuję im za ich zapał. Dziękuję również Oscarowi Davidowi za obecność oraz za to, że stworzył mi warunki umożliwiające pisanie tej książki. Na koniec chcę podziękować moim duchowym pomocnikom, z którymi porozumiewam się podczas moich sesji. Oni dostarczają większości pomysłów, które ja następnie opracowuję. Dziękuję Michaeli Kaden za pomysł na tytuł tej książki.

Zastrzeżenie

Czytelnicy, którzy posłużą się wskazówkami i radami opisanymi w tej książce, czynią to całkowicie na własne ryzyko i na własną odpowiedzialność. Autor i wydawnictwo nie ponoszą żadnej odpowiedzialności za skutki i rezultaty, które wynikną z ćwiczeń, rytuałów i medytacji. Kto potrzebuje pomocy lub wsparcia, powinien zwrócić się do kompetentnego psychoterapeuty lub do profesjonalnej instytucji zajmującej się udzielaniem pomocy.

Jak powstała ta książka

Pracując z klientem, na początku sesji poświęcam dużo czasu na to, żeby wspólnie z nim rozeznać najważniejsze aspekty jego sprawy lub problemu. Następnie biorę do ręki małą grzechotkę i zamykam oczy. Poruszając rytmicznie grzechotką, podśpiewuję sobie cichutko. Dzięki temu wchodzę w stan lekkiego transu i mogę skierować całą uwagę na moich pomocników.

Pomocników? W szamanizmie panuje przekonanie, że istnieją duchy pomagające – siły, które chcą dobra ludzi i które można prosić o radę lub pomoc. Śpiewam i mówię, proszę i modlę się, kierując moją świadomość ku innej rzeczywistości. Tę inną rzeczywistość można porównać do świata marzeń sennych. Wtedy przychodzą obrazy, przenikają się wzajemnie, układają w historie. W stanie lekkiego transu mam wrażenie, że komunikuję się z ludźmi i zwierzętami. Doświadczam tego tak realnie, jak rzeczywisty wydaje się świat marzeń sennych podczas snu.

Jednak nawet jeśli świat odbierany w transie pod wieloma względami podobny jest do świata snu, to jednak istnieje zasadnicza różnica między świadomym transem doświadczonego szamana a człowiekiem śniącym. Śniący nie jest z reguły świadomy faktu, że śni, i dlatego tylko biernie może brać udział w historii, która rozwija się w jego śnie. Śniący jest zatem igraszką śnionego zdarzenia. Natomiast kiedy ja wchodzę w trans, zachowuję pełną świadomość i mogę w każdej chwili pójść w wybranym kierunku. Mogę odszukać moich pomocników i przedłożyć im pytanie klienta. Ja nie śpię, lecz czuwam. Moi pomocnicy mówią mi, jak widzą problem, oraz co klient może sam zrobić, ażeby zainicjować pozytywną zmianę. Klient otrzymuje więc praktyczne ćwiczenie, rytuał lub medytację jako swoiste zadanie, które potem wykonuje.

Czy owi pomocnicy naprawdę istnieją? Może to tylko twory mojej podświadomości? Nie potrafię na to jednoznacznie odpowiedzieć. Miewałem doświadczenia, podczas których było dla mnie zupełnie oczywiste, że działa tu inteligencja przerastająca możliwości mojego własnego umysłu. Kiedy indziej odnosiłem raczej wrażenie, że informacje, które otrzymuję podczas śpiewania, pochodzą z pokładów mojej własnej, ludzkiej wiedzy i z mojego doświadczenia życiowego.

Jednak niezależnie od tego, skąd naprawdę pochodzi ta wiedza, mogę po latach praktyki stwierdzić, że wskazówki, które przychodzą do mnie podczas grzechotania i śpiewania, są pomocne. Otrzymuję bardzo szczegółowe informacje dokładnie opisujące sytuację, w której klient aktualnie się znajduje, mimo że te szczegóły nie pojawiają się w rozmowie wstępnej. Nie umiem wyjaśnić tego fenomenu, ale pytanie o realność pomocników nie jest dla mnie takie ważne. Dużo ważniejsze jest to, że wglądy i wsparcie, które dostaję w transie, pomagają moim klientom.

Mniej więcej cztery lata temu w ciągu krótkiego czasu przyszło do mnie wielu ludzi z tym samym pytaniem: *Jak znaleźć partnera?* Ponieważ tak się złożyło, że w ciągu zaledwie dwóch tygodni wielokrotnie stawiano mi to samo pytanie, dobrze zapamiętałem podobieństwa i różnice w odpowiedziach udzielanych przez moich pomocników. Zazwyczaj bardzo szybko zapominam treść sesji, jednak z sesjami na temat poszukiwania partnera było inaczej. Byłem bardzo zaskoczony zadaniami, które miałem przekazać klientom, ale wydały mi się one inspirujące. Dlatego zacząłem robić notatki na ten temat. A przy następnych udzielanych poradach pomocnicy przekazywali mi kolejne wskazówki. Znów zapisałem najciekawsze ćwiczenia, żeby ich nie zapomnieć.

Pewnego dnia zadałem sobie pytanie, czy zebrany materiał nadawałby się do publikacji. Spotykałem bowiem ciągle ludzi, którzy poszukiwali partnera, ale nie potrafili nikogo znaleźć. I tak przyszła mi do głowy myśl, że niektóre rady, które otrzymałem od moich pomocników, mogłyby być pomocne nie tylko dla moich klientów, lecz także dla innych ludzi.

Wybrałem się więc do księgarni, żeby zobaczyć, jakie książki już istnieją na ten temat. Odkryłem najróżniejsze poradniki, jak można sobie znaleźć partnera. Ale nie znalazłem ani jednej publikacji, w której spotkałyby się zarówno aspekty praktyczne, jak i duchowe. Z tego zrodził się pomysł napisania książki łączącej obydwa te elementy. Mimo to upłynęło jeszcze sporo czasu, zanim naprawdę usiadłem do komputera, żeby zacząć pisać.

Przez około trzy lata proponowałem ludziom szukającym partnera odbycie u mnie sesji indywidualnej. Wyjaśniałem im, że zbieram materiał do książki. I w ten sposób stopniowo zgromadziłem dostatecznie wiele rytuałów, ćwiczeń i medytacji, które złożyły się na niniejszą publikację.

Odbywałem sesje z kobietami i mężczyznami, z ludźmi młodymi i starymi, i tymi w wieku średnim; z takimi, którzy wcześniej nigdy nie mieli partnera, i z tymi, którzy mieli za sobą wiele lub bardzo wiele związków. Niektórym partner umarł, inni zostali nagle opuszczeni lub sami odeszli. Byli wśród nich ludzie hetero-, bi- i homoseksualni, tacy, którzy mieli dzieci lub nie.

Za każdym razem moi pomocnicy przychodzili z nowymi pomysłami i radami. Czasami ćwiczenia i rytuały były głębokie i poważne, innym razem pogodne i dowcipne. Część z nich wymagała odwagi, podjęcia ryzyka, inne natomiast zawierały wskazówki, żeby zachować raczej spokój lub nawet cofnąć się o krok. Książka oddaje tę różnorodność rytuałów, ćwiczeń i medytacji. Uporządkowałem je według tematów, tak żeby czytelnicy mogli znaleźć swoją własną drogę.

Szczerze mówiąc, do napisania tej książki skłoniły mnie nie tylko inspirujące podpowiedzi pomocników. Co prawda dzięki sesjom odbywanym z klientami wpadłem na pomysł napisania książki, ale istniał jeszcze inny powód, który sprawił, że podjąłem się tego zadania. Otóż, ja sam nie miałem partnera do 25. roku życia, choć bardzo tego pragnąłem. Do dzisiaj nie zblakło wspomnienie tych lat, kiedy zrozpaczony szukałem, czyniąc rozczarowujące doświadczenia, wątpiąc w siebie i zachodząc w głowę, co też robię źle. Teraz już mam partnera, z którym jestem od 12 lat na dobre i złe, ale w kręgu moich przyjaciół i znajomych wciąż jeszcze jest wielu, którzy tęsknią za związkiem. I dokładnie jak ja w przeszłości, przyjaciele ci wciąż stwierdzają, że mimo starań nie udaje się im nikogo znaleźć.

Jeśli przyjrzeć się statystykom, widać wyraźnie, że chodzi raczej o problem społeczny niż indywidualny. Kiedy patrzę jednak poza statystyki, wtedy widzę nie liczby i wartości, lecz ludzi, konkretne osoby, moich przyjaciół, znajomych, klientów i uczestników moich warsztatów. Widzę i słyszę wiele indywidualnych historii, w których dużą rolę odgrywają nadzieje, rozczarowania, frustracje, złości i smutki – znoszone często z humorem, kreatywnością i optymizmem. To właśnie dodawało mi otuchy, żeby mój czas i energię zainwestować w żmudny proces zbierania materiałów i pisania tej książki. Dzięki temu pomysły i punkt widzenia moich pomocników mogę oddać do dyspozycji wszystkim, którzy są zainteresowani tą wiedzą, w nadziei, że im także pomoże.

Daan van Kampenhout
Amsterdam, jesienią 2002

Wprowadzenie

W ostatnich dziesięcioleciach można zaobserwować niezwykłe zmiany zachodzące w zachodnim społeczeństwie. Dawniej wszyscy żyli głównie w relacjach rodzinnych i grupowych z ludźmi, którzy mieli te same korzenie etniczne i religijne, a ponadto pochodzili z tej samej klasy społecznej.

Dzisiaj w większości miejsc na świecie sytuacja wygląda zupełnie inaczej. W miastach żyją obok siebie ludzie wszystkich ras, narodowości, religii i klas. Z tego powodu poczucie współprzynależności do jakiejś ulicy czy dzielnicy jest znacznie mniejsze niż dawniej. Miejsce zamieszkania i miejsce pracy są dziś od siebie oddzielone, a koledzy z pracy rzadko są jednocześnie sąsiadami.

Wedle naszych miar w dawnych czasach większość ludzi miała ograniczone, znikome lub wręcz żadne możliwości swobodnego rozwoju osobowości. Istniały bowiem różne ograniczenia i zobowiązania społeczne. Dzisiaj ludzie mogą cieszyć się osobistą wolnością i są mniej narażeni na społeczne oczekiwania i presję otoczenia. Ponadto dzisiaj jesteśmy bardziej mobilni niż kiedykolwiek.

Jednak wszystkie te pozytywne aspekty mają też swoją cenę. Wielu ludzi czuje się samotnych, wielu nie może znaleźć sobie życiowego partnera. Skutkiem zmian w społeczeństwie jest więc coraz większe osamotnienie. Niezależnie od krytycznego stosunku do przeszłości musimy jednak stwierdzić, że dawniej poszukiwanie partnera było prostsze. Albowiem w bezpośrednim otoczeniu miało się więcej kontaktów z podobnymi osobami, spotykało się więcej potencjalnych partnerów życiowych.

Przy wyborze partnera miłość mogła odgrywać pewną rolę, jednak obok przypieczętowania namiętności małżeństwo uchodziło też za normalny i wskazany krok do zabezpieczenia sobie egzystencji. Ponieważ wtedy nie było jeszcze ubezpieczeń, jakie mamy dzisiaj, ludzie byli bardziej na siebie zdani i od siebie zależni. Trzeba było wydać na świat dzieci, które na stare lata troszczyły się o rodziców.

W naszym współczesnym systemie społecznym prawie każdy ma ubezpieczenie, każdy może sam zarobić na chleb, zdobyć mieszkanie, a na starość otrzymywać emeryturę. Daleko idąca indywidualizacja oraz dobrze zorganizowane zabezpieczenia społeczne na starość oraz na wypadek choroby są pod pewnym względem przeszkodą w poszukiwaniu i znalezieniu partnera. Ludzie są mniej od siebie zależni, mniej potrzebują pomocy od innych. Z tego powodu wymagania, które stawiają pod adresem partnera, niezwykle wzrosły. Każda kwestia, w której mamy własne zdanie, daje nam poczucie samodzielności i odrębności. A jednocześnie jest źródłem braku jedności z innymi, którzy na określony temat mają inne zapatrywania. Dzięki indywidualizacji coraz trudniej spotkać ludzi, z którymi jest się tego samego zdania, którzy cenią lub podzielają określony styl życia.

Gdy ktoś z własnym życiem zawodowym, własnym kręgiem przyjaciół i własnym stylem życia zastanawia się nad tym, żeby zrezygnować z osiągniętej niezależności, to potencjalny partner musi mieć dużo do zaoferowania! Partner musi dać wolność dalszego rozwoju, a jednocześnie zawsze być gotowy, żeby cię wesprzeć, gdy to konieczne. Gdy nie masz ochoty spać z nią/ /z nim, musi to zrozumieć i nie wolno mu się skarżyć. Gdy jednak ty chcesz seksu, ona/on musi mieć od razu na to ochotę.

Jeśli kariera i wolność są najważniejszymi rzeczami w twoim życiu, wówczas partner jest mile widziany tylko wtedy, gdy ona/on nie ma zbyt wielu życzeń i zbyt wyraźnego własnego zdania ani własnego stylu życia. Ale kto wówczas chce jeszcze interesować się osobą, która jest bez wyrazu, nie ma własnego blasku, nie iskrzy, jest kimś bez własnych idei i charakteru? Tak, w ten sposób trudno jest szukać idealnego partnera – i jeszcze trudniej go znaleźć.

Dzisiaj coraz więcej małżeństw i związków kończy się szybciej niż przed laty. Dlatego ludzie nie wyruszają na poszukiwanie partnera jeden jedyny raz w życiu, lecz poddają się tej procedurze wielokrotnie. Teoretycznie musiałoby zatem istnieć wystarczająco wielu wolnych potencjalnych partnerów, skoro tak wiele związków się rozpada. Ale w rzeczywistości wcale tak nie jest. Sytuacja na rynku związków damsko-męskich jest dużo bardziej dynamiczna i bardziej nieprzejrzysta niż dawniej. Wcale nie ma tylu partnerów co piasku na plaży. I wielu ludziom wcale nie tak łatwo znaleźć nowego towarzysza życia, zwłaszcza gdy są nieco starsi albo mają już dzieci.

Pogoń za nowym partnerem nie jest dziś dla większości ludzi związana z poszukiwaniem zabezpieczenia finansowego, społecznego bezpieczeństwa czy też produkcją potomków, którzy zatroszczą się o człowieka, gdy się zestarzeje. Małżeństwa z rozsądku są zawierane bardzo rzadko, ponieważ w naszym społeczeństwie nie są już konieczne. Znalezienie partnera jest dzisiaj dla większości ludzi równoznaczne ze znalezieniem prawdziwej miłości. Ale co to jest miłość?

Często zakochanie poprzedza miłość. A bycie zakochanym jest przede wszystkim związane z fizycznymi bodźcami i seksem, to znaczy, że mają tu znaczenie przede wszystkim czynniki biologiczne. Jest naukowo dowiedzione, że kobiety i mężczyźni reagują na feromony drugiej płci. Feromony są rodzajem subtelnych substancji aromatycznych, które przekazują między innymi informacje o płodności i dyspozycyjności potencjalnego partnera seksualnego lub jej braku. Ponadto udowodniono, że za najbardziej atrakcyjnych uchodzą osoby, których części ciała pozostają wobec siebie w odpowiednich proporcjach.

Niewiele można zmienić we własnym systemie wydzielania feromonów. Co najwyżej można użyć drogich perfum w nadziei, że będziemy roztaczać miły zapach. Również jeśli chodzi o strukturę kostną niewiele da się zmienić. Jeśli masz silną wolę, możesz regularnie chodzić na siłownię, spróbować schudnąć lub wyrobić sobie mięśnie, ażeby ciało przynajmniej w ten sposób trochę dopasować do obowiązujących ideałów piękna. Ponadto możesz nosić ubrania, które nieco zatuszują słabe miejsca lub sprawią że twoje krótkie nogi będą wydawać się trochę dłuższe. Makijaż może na przykład pomóc ci wyglądać trochę młodziej. Odsysanie tłuszczu dla pań czy transplantacja włosów dla panów – żaden zabieg chirurgiczny nie jest zbyt ryzykowny lub za drogi, gdy chodzi o to, żeby stać się młodszym czy piękniejszym.

Wielu ludzi robi wszystko, co w ich mocy. Biorą lekcje tańca, zostają członkami klubu sportowego, chóru lub kółka czytelniczego, żeby w ten sposób spotkać pokrewne dusze. Wstępują do klubu singli i chodzą na spotkania samotnych serc. Biorą lekcje aerobiku lub idą do stylisty. A potem stwierdzają, że wciąż im się nie udaje znaleźć partnera. Jest wielu ludzi, którzy wyglądają niezwykle atrakcyjnie, są dobrze ubrani, dobrze pachną i są inteligentni, a ponadto cechują się skromnością. Mają wszystko, czego tylko dusza zapragnie. A mimo to nie znajdują partnera. Albo znajdują za każdym razem kogoś, kto jest już zajęty. Czy to nie dziwne? Inni ludzie natomiast, którzy wcale dobrze nie wyglądają, są źle ubrani i/lub ważą kilka kilogramów za dużo, mogą bez trudu znaleźć tylu partnerów, ilu chcą. Jak to się zatem dzieje, że ktoś, kto nad wszystkim panuje, nie odnosi sukcesu, natomiast ktoś inny, kto na pierwszy rzut oka nie ma wartości rynkowej, jest tak skuteczny? A więc obok wymienionych już komponentów społecznych i biologicznych musi istnieć jeszcze jakiś inny czynnik odgrywający decydującą rolę.

A może to tylko przypadek? To prawda, że trzeba szczęśliwego trafu, żeby spotkać kogoś, z kim zaczyna iskrzyć od razu. Jeśli w ogóle istnieje coś takiego jak przypadek, to wtedy nie mamy wpływu na takie spotkanie. Istota przypadku polega bowiem na tym, że zdarza się on po prostu „przypadkowo". Nie można sobie wyczarować fantastycznej kobiety lub zabójczego mężczyzny, lecz trzeba po prostu czekać, aż ona lub on przyjdzie. Ale czy zakochanie jest rzeczywiście zależne tylko od przypadkowych spotkań? Wydaje mi się to mało prawdopodobne. Dlaczego zatem niektórzy nigdy nie znajdują odpowiedniego partnera, inni natomiast bez trudu nie tylko raz, lecz wiele razy wyciągają ten szczęśliwy los? Moim zdaniem ważną rolę obok wszystkich wymienionych tutaj czynników, łącznie z tak zwanym przypadkiem, odgrywa również własne nastawienie i działanie. W niektórych przypadkach nasza rola jest czynnikiem rozstrzygającym, który decyduje o tym, czy odniesiemy sukces, czy nie.

Ćwiczenia w tej książce opierają się na tym ostatnim czynniku, dziedzinie, w której do głosu dochodzi twoja osobista odpowiedzialność. Jest ona tylko jednym z wielu elementów, które odgrywają rolę w poszukiwaniu partnera. Ale jest to jednocześnie czynnik, na który rzeczywiście sami mamy wpływ. Z pomocą tej książki możesz sprawdzić, jak twoje oczekiwania, twoje własne historie, zachowanie i utarte wzorce w kontaktach z innymi wpływają na poszukiwanie partnera. Jeśli z dnia na dzień nagle zaczniesz nosić inne ubrania, zmienisz uczesanie lub kolor włosów, zgolisz wąsy czy brodę lub zmienisz swój wygląd w inny sposób, może to pociągnąć za sobą taki skutek, że nagle zupełnie inni ludzie uznają cię za atrakcyjnego lub dopiero cię w ogóle zauważą. Dlatego warto na pewno coś takiego wypróbować. W tej książce zostały zebrane różne ćwiczenia i rady zachęcające do podjęcia ryzyka, do poeksperymentowania w obszarze komunikacji i prezentacji samego siebie. Największa część ćwiczeń i rytuałów skierowana jest jednak raczej na zmiany, które dokonują się od wewnątrz. Gdy zaczniesz badać swoją osobistą historię, sprawdzać i przekształcać nastawienie wobec innych, gdy weźmiesz pod lupę swoje życzenia i nieco dostosujesz je do realiów tam, gdzie to konieczne, wtedy będzie to miało bezpośredni pozytywny wpływ na sposób, w jaki podchodzisz do ludzi i komunikujesz z nimi.

A więc jak najlepiej możesz wykorzystać tę książkę? To zależy całkowicie od ciebie. Niektóre ćwiczenia przemówią być może od razu, natomiast inne inspiracje lub zalecenia wydadzą ci się zbędne i niezbyt ciekawe. Pamiętaj o tym, że każde ćwiczenie było pierwotnie przeznaczone dla jakiejś konkretnej osoby podczas sesji indywidualnej w określonym momencie jej życia. Każdy rytuał powstał w określonym kontekście. Nie czytaj zatem tej książki z przekonaniem, że każda rada, każdy rytuał i każde ćwiczenie musi być korzystne dla ciebie osobiście. Skorzystaj z prawa i możliwości, żeby wybrać tylko te, które w naturalny sposób zwracają twoją uwagę. Kieruj się ćwiczeniami, które przemawiają do ciebie i pobudzają twoją kreatywność.

Wyprawa, na którą ta książka zaprasza, może cię zaskoczyć, a czasami wręcz skonfrontować z trudnymi rzeczami. Jest to zawsze zaproszenie do próbowania, badania i do bycia kreatywnym. Ostatecznego celu, czyli znalezienia partnera, nie zagwarantuje oczywiście żadne ćwiczenie. Jak już powiedziałem, w poszukiwaniu partnera rolę odgrywa o wiele więcej czynników, a tylko ograniczona część z nich spoczywa w naszych rękach. Ale oświetlając w tej podróży najróżniejsze aspekty z najrozmaitszych punktów widzenia i tu czy tam coś modyfikując, na pewno można zwiększyć swoje szanse.

Ta książka nie mówi jednak o tym, co trzeba robić, gdy już kogoś znajdziesz. O sztuce utrzymania związku pisało już wielu autorów, istnieją na ten temat inne poradniki. Natomiast dzięki tej książce wyjdziesz naprzeciw innym ludziom z większą pewnością siebie i bardziej kreatywnie. Pomoże ci ona zlikwidować stare ograniczenia i lepiej ocenić siebie. A to ułatwi spotkanie potencjalnego partnera.

Powodzenia!

Byli kochankowie

Gdy dom jest pełen, wtedy nie ma miejsca dla nowych gości. Jeśli pragniesz nowego związku, nie zaszkodzi sprawdzić, ile miejsca wciąż zajmują byli partnerzy. Niektórzy ludzie często jeszcze po latach mają wiele wspólnego ze swoimi byłymi partnerami: Oni „kochają" ich nadal – lub ich nienawidzą – i dają im tym samym bardzo dużo miejsca w swoim życiu. Czasami dają im go tak wiele, że nie ma już przestrzeni dla nowego partnera. Posprzątanie i zrobienie miejsca jest istotnym krokiem na drodze poszukiwania nowego partnera. Jeśli jesteś wolna tylko częściowo, ponieważ w myślach wciąż jeszcze przebywasz u boku byłego partnera, wtedy nie możesz oczekiwać, że szukając nowej miłości znajdziesz kogoś, kto będzie w pełni wolny dla ciebie.

Niektórzy chcą wejść w związek z kimś, kto tylko na poły jest obecny. Wtedy też nie muszą się sami angażować w stu procentach. Gdy sama jesteś obecna tylko w połowie, może się tak zdarzyć, że przyciągniesz również taką osobę. Jeśli natomiast chcesz mieć partnera, który rzeczywiście jest obecny dla ciebie, wtedy musisz się zatroszczyć o to, żebyś i ty sama rzeczywiście była do wzięcia. Posprzątaj więc swój składzik po dawnych kochankach i minionych związkach. Nie chodzi bynajmniej o usunięcie ekspartnerów z pamięci. Wręcz przeciwnie, bardzo ważne jest zachowanie wspomnienia tego, co było wartościowe i piękne. Nie chodzi zatem o to, żeby wyrzucić do śmieci byłych kochanków, lecz o to, żeby dla każdego z nich znaleźć właściwe miejsce.

Poniższe ćwiczenia i rytuały pozwolą ci raz jeszcze spojrzeć na byłych partnerów. Po wykonaniu tych ćwiczeń, będziesz miała uczucie większej przestronności, w której nowy partner będzie mógł poczuć się mile widziany.

Pierwsza pomoc

Jeśli jakiś związek się kończy, ponieważ jeden z partnerów nagle odchodzi, to partner*, który zostaje sam, może popaść w stan przewlekłego szoku. Niespodziewane zerwanie przez odejście partnera nie może zostać właściwie przepracowane, a osoba opuszczona czuje się mniej lub bardziej bezradna. Czasami taki szok trwa wiele dni lub tygodni, ale równie dobrze stan ten może trwać nawet miesiącami czy ciągnąć się latami. Są też osoby, które właściwie nigdy nie wychodzą z szoku bycia opuszczonym. To samo dzieje się także wtedy, gdy jeden z partnerów nagle umiera lub ginie w wypadku. Potrzeba dużo czasu, żeby na nowo rozwinąć w sobie poczucie, że istnieje coś takiego jak bezpieczeństwo i trwałość. Co prawda, jeśli przyjrzeć się temu dokładnie, to nie istnieje ani całkowite bezpieczeństwo, ani prawdziwa trwałość. Mimo to wszyscy potrzebujemy wiary w ostoję, która daje poczucie stabilności. Ważne jest, aby nauczyć się rozwijać to uczucie zaufania i doświadczyć, że określone rzeczy mogą dać nam uczucie spokoju i poczucie bezpieczeństwa.

* Trudno w tłumaczeniu na język polski zachować wielość możliwych wariantów występujących w poszukiwaniach partnerki/partnera: kobieta szuka mężczyzny, mężczyzna szuka kobiety, kobieta szuka kobiety, mężczyzna szuka mężczyzny. Dla większej czytelności przekładu zdecydowałem się stosować naprzemiennie w kolejnych rozdziałach dwie perspektywy *kobieta szuka mężczyzny* oraz *mężczyzna szuka kobiety*. Pamiętać jednak należy, że za każdym razem możliwe są różne orientacje seksualne odpowiadające poszczególnym wariantom – co zresztą jest wyraźną intencją autora. *(Przypis tłumacza – Z.M.)*.

Jeśli ktoś jest w permanentnym szoku, nie potrafi nawiązać prawdziwego kontaktu ze swoim ciałem i otoczeniem. Ktoś, kto zostaje sam, często nieświadomie unika poczucia niepewności i zwątpienia. Takie unikanie pomaga być może w przetrzymaniu kryzysu, jednak potem utrudnia tej osobie troszczenie się o siebie krok po kroku i stworzenie poczucia bezpieczeństwa.

Natomiast ktoś, kto zaczyna szukać nowego partnera zaraz po tym, jak utracił poprzedniego, przeskakuje prawdopodobnie ważny etap wylizywania ran i uczenia się dbania o siebie samego. Kolejny partner obarczony zostaje wtedy całą odpowiedzialnością za troskę o drugiego. Stanowi to ogromne brzemię dla nowego kochanka, które sprawia, że związek się bardzo rzadko dobrze kończy.

Gdy twój związek zakończył się całkiem niedawno lub straciłaś swojego partnera, wtedy może lepiej dać sobie najpierw trochę czasu, aby nauczyć się znów dbać o siebie. W ten sposób nauczysz się dostrzegać, czego sama potrzebujesz, zanim całą uwagę skierujesz znów na ewentualnego nowego partnera. Dopiero gdy znów staniesz mocno na własnych nogach, nowy związek będzie miał więcej szans powodzenia. Może ci w tym pomóc bardzo proste ćwiczenie:

Ćwiczenie

Przez tydzień lub dłużej miej pod ręką notes i długopis, zapisuj każdą sytuację, w której coś zrobiłaś, dzięki czemu czujesz się lepiej fizycznie i/lub bardziej zrównoważona. Może to być na przykład odprężająca kąpiel z dodatkiem przyjemnych zapachów, wizyta w saunie, spacer, napisanie kartki do przyjaciela, wysłuchanie muzyki określonego rodzaju lub uporządkowanie gazet... Nie myśl przy tym o wielkich przedsięwzięciach, lecz zupełnie prostych rzeczach, które sama możesz zrobić. O rzeczach, które dają ci poczucie jasności, dzięki którym czujesz się troszkę lepiej, odprężasz się, lub które dają uczucie zadowolenia. Trzymaj ten notes pod ręką i zapisuj od razu, gdy właśnie robisz jakąś małą rzecz, która pozytywnie działa na ciebie.

Co jeszcze ma lub miało pozytywny wpływ? Wypisz wszystko, co w przeszłości miało dobry wpływ i co teraz też dobrze by ci zrobiło. Zapisuj tylko krótkie i stosunkowo proste działania, które nie wymagają zbyt wiele energii.
Na koniec zrób listę wszystkich czynności i powieś ją w miejscu, w którym będziesz ją regularnie widziała, na przykład na lodówce. Postaraj się wypisać przynajmniej trzydzieści rzeczy i uzupełniaj listę, gdy przyjdzie ci do głowy więcej pomysłów lub gdy przypomnisz sobie jeszcze inne działania, które sprawdziły się w przeszłości.
Gdy tylko zauważysz, że znów nie czujesz się dobrze albo gdy po prostu nie wiesz dokładnie, jak się czujesz, nie musisz godzinami gapić się w telewizor lub patrzyć przed siebie otępiałym wzrokiem. Nawet nie musisz się zastanawiać, co by ci dobrze zrobiło. Wystarczy trochę dyscypliny, żeby udać się do miejsca, gdzie wisi twoja czarodziejska lista i potem po prostu zrobić coś z tego, co tam jest zapisane. Zauważysz, że poczujesz się wtedy znów trochę lepiej, będziesz bardziej skupiona i będziesz miała jaśniejszy umysł.

Odkupienie win

Niektórzy czują się fantastycznie, gdy sami kończą swój związek. Czują się wolni i czują lekkość, jak gdyby spadł im z ramion wielki ciężar. Ale czasami jest dokładnie odwrotnie: Gdy jesteś tym, kto odszedł, smutek i żal twojego partnera, którego opuściłeś, mogą ciążyć na tobie. Poczucie winy spowija cię jak ciemny kir. I nawet jeśli wiesz, że nie było innego wyjścia niż zakończenie związku, czujesz się winny, że zrobiłeś ten krok. To poczucie winy może uniemożliwiać rozpoczęcie nowego związku. Sprawiłeś ból swojej byłej partnerce i uważasz (częściowo lub całkowicie nieświadomie), że właściwie już nie zasługujesz na to, żeby być szczęśliwym z nową partnerką. Nawet jeśli przyjaciele mówią ci, że zrobiłeś wszystko, co mogłeś, stosownie do okoliczności, to jednak wina

jest dla ciebie realna. W przeciwnym razie nie ciążyłaby tak bardzo na tobie.

Co możesz zrobić, żeby tę winę z siebie zdjąć? Jest mało prawdopodobne, że chodzi o to, aby na nowo podjąć związek z byłą partnerką. Nie ma co wyjaśniać. To co najgorsze już się zdarzyło i związek się skończył. Nie ma innej możliwości. Być może chcesz jeszcze napisać list do swojej ekspartnerki, w którym wyrazisz jej swoje współczucie z powodu wyrządzonego bólu. Niekiedy jest to bardzo kojące, ale w niektórych przypadkach może zostać zrozumiane opacznie. Dlatego raczej wątpliwe jest, że taki list jest na miejscu.

Ćwiczenie

Ale możesz dla siebie samego spróbować rozwiązać to, co takie trudne. Zraniłeś kogoś i unieszczęśliwiłeś. To fakt. Jak możesz przywrócić równowagę? Przez sprawienie komuś przyjemności. Zastanów się, co mógłbyś zrobić, żeby uszczęśliwić kogoś innego. Zastanów się spokojnie, co w twojej sytuacji jest możliwe.

Możesz na przykład przekazać datek na szlachetny cel. Ale jeśli naprawdę czujesz się winny, to takie rozwiązanie jest zbyt proste i nie wystarczy. Prawdopodobnie będziesz raczej miał potrzebę, żeby zrobić coś konkretnego, co będzie wymagało większego zaangażowania.

A więc co możesz zrobić? Na przykład pomóc w przeprowadzeniu ulicznego święta dla dzieci? Zrobić zakupy dla sąsiadki, która ma trudności z chodzeniem? Właściwie nie ma znaczenia, na co się zdecydujesz, o ile wyjdziesz ze ślepej uliczki, która powstała przez poczucie winy.

Wybierz jakąś formę aktywności i poświęć ją dobru innych. Zrób coś dobrego na pamiątkę swego związku, który zakończyłeś, i na pamiątkę wszystkich rzeczy, które były dobre w waszym związku. Z powodu poczucia winy nie odcinaj sobie ręki, która zraniła twoją byłą partnerkę, lecz zrób dokładnie odwrotnie: użyj jej, żeby pomóc innym. Proste i konkretne zadośćuczynienie, które przynosi spokój, redukuje poczucie winy i zawstydzenia – przywraca równowagę.

Prawo do własnych planów i życzeń

Gdy kobieta i mężczyzna wiążą się ze sobą i rozpoczynają związek, zawsze rezygnują z części swoich indywidualnych planów i życzeń. Jeden z partnerów na przykład chętnie jeździ na nartach, drugi tego nienawidzi. A więc nie jadą w zimie na narty. Jeden z partnerów chce własnego pokoju, żeby móc się poświęcić swojemu hobby, drugi chce raczej pokoju gościnnego. Gdy potem zamieszkają razem, nie ma miejsca na pokój przeznaczony na hobby.

Rytuał

Pomyśl przez chwilę o czasie, gdy byłaś jeszcze razem z tamtym partnerem. Jakie miałaś życzenia, zanim rozpoczął się wasz związek? Życzenia, których nie realizowałaś w tym związku i które przez to popadły w zapomnienie? Być może niektóre z tych życzeń wyjawiłaś partnerowi, inne zaś być może po prostu zataiłaś. Popatrz na swoje życzenia i potrzeby, o których opowiadałaś, oraz na te, które rozgrywały się tylko w twojej głowie. Potrzeby, o których nie rozmawiałaś z partnerem, lecz z przyjaciółką lub przyjacielem. Spisz te wszystkie życzenia, pomysły i projekty.

Zastanów się przez chwilę, na jakie życzenia twojego eks ty nie miałaś miejsca. W niektórych związkach ludzie czują się na tyle swobodnie, żeby sobie wzajemnie wszystko mówić. Jeśli twój były partner informował cię o tym, co czuł, nie będziesz miała trudności w sporządzeniu listy jego potrzeb. Ale być może sygnały, które on dawał, były bardziej subtelne i nigdy nie rozmawialiście o niezrealizowanych życzeniach. Spisz po prostu to, co wiesz lub co myślisz, że twój partner chciał w swoim życiu, ale nie zrobił z powodu waszego bycia razem.

Następnie wyobraź sobie, że tamten partner stoi przed tobą. Udziel mu teraz zgody na robienie tego, co nie było możliwe w ramach związku. Zwróć mu wolność robienia wszystkiego, co chce, lub zaniechania tego, czego nie chce. Przeczytaj na głos kolejne punkty z listy. Wyobraź sobie, że on stoi przed tobą i powiedz mu na przykład:

„Nasz związek się skończył. Jesteś teraz wolny, możesz teraz robić to i to... Jesteś wolny. Możesz teraz kupić to i to... Życzę ci tego wszystkiego. Rezygnowałeś z tych rzeczy ze względu na mnie i nasz związek. Jednak związek się skończył i możesz teraz robić, co chcesz. Życzę ci wszystkiego najlepszego i dziękuję, że cały czas tego nie robiłeś ze względu na mnie".

Następnie weź swoją własną listę. Znów wyobraź sobie swojego eks stojącego przed tobą i odczytaj mu na głos kolejne punkty. „Nie robiłam tego wszystkiego ze względu na ciebie. W ten sposób chciałam uszanować nasz związek. Ponieważ związek się skończył, biorę z powrotem moje prawo robienia tego, co chcę. Jestem teraz wolna. Zaniechałam tych rzeczy z własnej woli, żeby uszanować twoje granice. Teraz, ponieważ nasz związek się zakończył, mogę robić to zawsze, kiedy tylko zechcę".

Nie chodzi o to, żeby od razu zrealizować wszystkie punkty z listy. Chodzi raczej o to, żeby wziąć sobie z powrotem prawo odczuwania własnych potrzeb i pofantazjowania, że je wprowadzasz w życie. Jeśli zostałaś zainspirowana tym ćwiczeniem do spełnienia któregoś ze swoich dawnych życzeń, to żaden partner ci w tym nie przeszkodzi.

Zapal własny ogień

Związek dobiega końca najczęściej wtedy, gdy jeden z partnerów położy kres wątpliwościom i zrobi zdecydowany krok. Dlatego drugi partner może mieć poczucie, że został opuszczony i że zerwanie przyszło zbyt gwałtownie i nazbyt nieoczekiwanie – chociaż wszyscy przyjaciele i znajomi tej pary już od dawna myśleli, że niebawem nadejdzie koniec. „Porzucony" partner próbuje często jeszcze przez pewien czas utrzymywać kontakt z partnerką, która zerwała więzy, wyobrażając sobie, że można związek wspólnie jakoś dokończyć, domknąć. „Wspólne dokończenie" jest co prawda złudzeniem, ponieważ przy zerwaniu związku chodzi w istocie dokładnie o to, że ktoś się rozstaje, ażeby iść swoją własną drogą. Dla pozostawionego partnera byłoby wtedy lepiej, żeby również szybko skierował swoją uwagę na siebie samego, ponieważ wszelkie próby dotarcia do byłej partnerki niepotrzebnie pochłaniają bardzo dużo energii.

W momencie, w którym dwoje ludzi się wiąże i rozpoczyna się związek, zapalają oni niejako wspólny ogień. Można sobie to bardzo konkretnie wyobrazić: oboje spotykają się, przynoszą chrust i gałęzie, wspólnie rozniecają ogień i baczą na to, żeby się dobrze paliło. Oboje się wspierają i dzięki temu wzajemnie się ogrzewają oraz czerpią korzyść z siły i zaangażowania drugiego.

Gdy jedno z nich postanawia odejść, wyrusza i gdzie indziej roznieca własny, niezależny ogień. Odchodząca partnerka nie wnosi więc już żadnego wkładu do wspólnego ogniska. Chociaż ten, kto odchodzi, rozpala swój własny ogień na innym miejscu, drugi nadal trwa przy ognisku, które było karmione przez oboje podczas trwania ich związku. Ten ogień powoli przygasa, ponieważ dostaje mniej opału i nie jest już wspólnym ogniskiem. Jest mniej ciepła i światła, ogień ma mniej siły.

Jeśli ty sam zostałeś opuszczony przez partnerkę i jeszcze przez jakiś czas próbowałeś jakoś wspólnie dokończyć wasz związek, to właściwie wciąż jesteś zajęty tym, żeby niegdysiejszy wspólny ogień podtrzymywać, żeby był tak jasny i silny jak dawniej, chociaż teraz nie jest już karmiony przez was oboje. Ażeby jednak móc wrócić do siebie samego, musisz pozwolić wypalić się temu ogniowi i rozpalić własne ognisko. Dzięki temu będziesz mógł stanąć na własnych nogach.

Rytuał

Nie każdy ma ogród albo kawałek pola, gdzie może rozpalić ognisko. A jeśli dotąd jeszcze nigdy nie rozpalałeś ogniska, być może potrzebować będziesz pomocy przyjaciółki lub przyjaciela. Poszukaj miejsca, w którym bezpiecznie będziesz mógł rozpalić ognisko. Ale najpierw weź plik papieru i wypisz na pojedynczych kartkach dobre cechy waszego związku – rzeczy, które cię żywiły i dawały siłę. Zapisz to, co twoja partnerka ceniła w tym związku, w tobie jako osobie i co dobrze wam robiło w byciu razem. Na drugim zestawie kartek wypisz rzeczy, które wiążą się z byciem singlem, są przyjemne i możesz je bez trudu robić sam.

Najpierw rozpal ognisko, które będzie symbolizować wasz wspólny ogień. Gdy się rozpali, karm je pierwszą stertą papieru, na której zapisałeś rzeczy pozytywne w waszym związku. W pewnym momencie zabraknie już kartek, żeby podtrzymywać wspólny ogień. Wówczas przypomnij sobie, że twoja partnerka odeszła. Nie wrzucaj już nic więcej do ognia. Posiedź po prostu tak długo, aż zauważysz, że ten wspólny ogień ma ci

coraz mniej do dania. Poczuj, jak daje ci coraz mniej światła i ciepła... i powoli gaśnie.
Gdy będziesz gotowy, żeby opuścić pierwszy ogień, wstań. Odejdź kilka metrów od pierwszego ogniska i poszukaj sobie miejsca na własny ogień. Rozpal tam swoje ognisko, a gdy ogień będzie dostatecznie duży, karm go kartkami, na których zapisałeś rzeczy, które należą do bycia samemu, do bycia singlem, do życia bez twojej byłej partnerki. Gdy spalą się wszystkie kartki, zauważ, że możesz ten ogień w każdej chwili rozpalić na nowo. I może być wielki lub mały – tak jak będziesz chciał. Masz nad tym pełną kontrolę. A gdy nadejdzie czas, będziesz mógł pozwolić mu się wypalić, żeby z nową osobą rozniecić znów wspólny ogień.

Zakop obrączki

Celem tego rytuału jest pożegnanie się z różnymi partnerami w odpowiedni sposób. Sporządź listę wszystkich związków, które dotychczas miałaś. Wypisz zarówno ludzi, z którymi miałaś tylko krótką przygodę, jak również ludzi, z którymi miałaś „prawdziwy" związek. Przygotuj następnie tyle obrączek, ile osób figuruje na liście. Jakość obrączek nie jest ważna. Mogą to być proste żelazne obrączki ze sklepu ogrodniczego lub plastikowe obrączki ze sklepu z zabawkami. Możesz kupić dla wszystkich osób na liście takie same obrączki albo wyszukać odpowiednie dla każdego związku.

Możesz też kupić obrączki dla osób, w których byłaś zakochana, nawet jeśli nigdy nie byliście razem. Jeśli miałaś pojedyncze lub anonimowe kontakty seksualne, to możesz dla wszystkich tych ludzi wziąć jedną wspólną obrączkę lub też jedną obrączkę dla dobrych, a drugą dla niezbyt dobrych doświadczeń.

Zastanów się najpierw, w jakiej kolejności chcesz zakończyć więź ze swoimi byłymi partnerami. Możesz to zrobić chronologicznie, to znaczy, że zaczniesz od swojej pierwszej miłości lub pierwszego partnera. Następnie będzie drugi partner, potem trzeci itd., aż zostawisz za sobą wszystkich i wrócisz do tu i teraz. Inna możliwość polega na tym, że zaczniesz od osób, które nie znaczyły dla ciebie zbyt wiele, a skończysz na związkach, które były dla ciebie bardzo ważne. Albo zaczniesz od mniej przyjemnych przeżyć, a skończysz na osobach, z którymi masz najpiękniejsze wspomnienia.

Rytuał

Po zdecydowaniu się na określoną kolejność i odpowiednim ułożeniu osób na liście, zacznij od pierwszej osoby. Odczytaj na głos jego lub jej imię i weź odpowiednią obrączkę. Trzymaj obrączkę w ręce i pomyśl przez chwilę o czasach, gdy byliście razem, o wszystkim, czego doświadczyłaś z tą osobą. Wyobraź sobie, że ta osoba siedzi przed tobą (bliżej lub dalej, w odpowiedniej odległości) i powiedz jej rzeczy, które jeszcze są do powiedzenia. Potem pożegnaj się raz jeszcze. Powiedz na przykład: „Co było między nami, było dobre. Teraz się skończyło i chcę iść naprzód, chcę patrzeć w przyszłość. Dziękuję za wszystkie dobre doświadczenia, które mieliśmy. Tę obrączkę – symbol naszej więzi – zostawiam teraz, żeby stać się wolną dla nowego partnera". Używaj prostych i pełnych szacunku słów. Pożegnaj się z wszystkimi ekspartnerami przyjaznym pozdrowieniem. Na przykład: „Życzę ci wszystkiego dobrego w dalszym życiu". Nie ma potrzeby wygłaszać długich monologów wyobrażając sobie kolejnych problemów oczyma duszy. Kilka trafnych, starannie wybranych i z szacunkiem wypowiedzianych słów ma większą siłę niż dwudziestominutowa przemowa. Przeznacz wystarczająco dużo czasu, żeby nacieszyć się wspomnieniami, zanim zaczniesz wypowiadać te słowa.

Po czym poznać, że powiedziało się wystarczająco dużo? To proste – po tym, że po własnych słowach ogarnie cię spokój. Jeśli natomiast poczujesz, że serce bije ci jeszcze szybciej lub czujesz niepokój, to prawdopodobnie jeszcze coś jest do wyjaśnienia. Zadaj sobie wtedy pytanie: „Co mnie teraz niepokoi? Co mi przeszkadza?". Odpowiedź pojawi się zazwyczaj natychmiast. Powiedz wtedy to, co będzie właściwe. Być może okłamywałaś w przeszłości partnera lub nie zachowałaś się elegancko. Wtedy powiedz na przykład: „Popełniłam wówczas błąd, nie zawsze postępowałam właściwie. Wiem, że cię zraniłam. Przykro mi, że tak postąpiłam. Dzięki mojemu doświadczeniu nauczyłam się, żeby lepiej nie działać w taki sposób. Zamierzam na przyszłość już tego nie robić. Pozwalam ci odejść i życzę ci wszystkiego najlepszego".
Możliwe jest też, że to partner cię okłamywał lub uczynił coś, co wciąż cię trapi. Jeśli on cię zranił, możesz powiedzieć na przykład: „Zraniłeś mnie. Długo to w sobie nosiłam, ale teraz chcę zostawić za sobą. To należy do przeszłości, pozwalam ci odejść. Było mi ciężko i na przyszłość będę lepiej uważać na siebie, żeby mi się coś podobnego znów nie przydarzyło. Wraz z tą obrączką zostawiam za sobą ciebie oraz swoje zranienia i patrzę teraz w przyszłość".
Przy niektórych partnerach wystarczy tylko kilka sekund, żeby mieć uczucie spokoju, dokończenia i domknięcia. Z innymi może to trwać pięć minut lub kwadrans. Może powiesz tylko: „To, co było między nami, było dobre. Dziękuję za ten czas". Innym razem będzie to cała historia. Przeznacz na każdego partnera tyle czasu, ile potrzebujesz. Możesz też poświęcić temu trochę czasu w ciągu kolejnych dni.
Po wypowiedzeniu tego, co trzeba było jeszcze powiedzieć, odłóż obrączkę, którą trzymałaś w ręku. Być może przetniesz każdą obrączkę nożycami do metalu, żeby w ten sposób ostatecznie przerwać krąg symbolizujący więź. Po przecięciu lub odłożeniu, wyobraź sobie, że teraz ty także jesteś naprawdę wolna tak jak były partner. Jesteś wolna, żeby pójść nową drogą. Dobre rzeczy istnieją nadal i dalej żyją jako doświadczenia. Dzięki temu nie zajmują już więcej przestrzeni, niż jest to właściwe.
Umieść wszystkie obrączki w puszce. Następnie zakop w ogrodzie, parku lub gdzieś na łonie przyrody. Pogrzeb je i tym samym pozostaw za sobą więzi, które one symbolizują.

Ulubione miejsce

Rytuał

Wypisz imiona wszystkich partnerek i osób, w których naprawdę byłeś zakochany. Każde imię napisz na osobnej kartce. Możesz w tym celu użyć kartek z notesu lub prostych białych kartek do drukarki. Jeśli chcesz zainwestować w to ćwiczenie więcej czasu, możesz dla każdej osoby kupić specjalne kartki. Następnie ułóż je wszystkie obok siebie zwrócone imieniem do góry i przyjrzyj się im uważnie. Zauważ, że wszystkie osoby, których imiona tu zostały wypisane, w określony sposób wciąż jeszcze mają miejsce w twoim domu lub w twoim życiu. Jednak właściwie chcesz mieć więcej miejsca, miejsca dla nowej partnerki. Ażeby to miejsce stworzyć, teraz musisz posprzątać. Osiągniesz to w ten sposób, że zaniesiesz każdą kartkę na odpowiednie miejsce. Jakie byłoby najlepsze miejsce dla poszczególnych osób, których imiona wypisałeś? Jeśli któraś z twoich partnerek kochała plażę i morze, możesz na przykład pojechać na plażę i tam pozwolić, żeby karteczka z jej imieniem odfrunęła z wiatrem. Jeśli któraś przyjaciółka lubiła posiedzieć sobie w lokalu, to możesz pójść do miłej knajpki lub kawiarni i zostawić kartkę na gazetniku pomiędzy czasopismami. Wystarczy jeśli na kartce umieścisz tylko imię, bez nazwiska, tak iż nie będzie niebezpieczeństwa, że ktoś rozpozna twoją ekspartnerkę. Jeśli pracowała chętnie w ogrodzie i ponad wszystko kochała rośliny, idź do ogrodu botanicznego i ukryj tam kartkę z jej imieniem między roślinami.

W ten sposób zaprowadź każdego byłego partnera na miejsce, gdzie go ze spokojnym sercem możesz zostawić. Zobaczysz, że ta metoda rzeczywiście pomoże ci zaprowadzić porządek. Co prawda wymaga trochę czasu, żeby każdą kartkę zawieźć na właściwe miejsce, ale nie musisz tego ćwiczenia zakończyć w ciągu paru godzin lub dni.

Dom lalek

Ćwiczenie

Weź duży arkusz papieru i narysuj na nim dom, ale bez ściany przedniej, w rzucie pionowym, tak żeby móc widzieć wszystkie pomieszczenia, jak na przykład salon, sypialnię i łazienkę. Ile twój dom ma pięter? Pomyśl też o innych pomieszczeniach, takich jak korytarz, strych i piwnica, a może nawet spiżarnia lub szopka przylegająca do domu. Dom symbolizuje twoją wewnętrzną przestrzeń.

Na drugim arkuszu papieru nanieś zarysy uproszczonych postaci i napisz na nich imiona twoich byłych partnerów. Następnie wytnij te laleczki. Sporządź figurki dla partnerów, z którymi sypiałaś, ale nie byłaś w trwałym związku. Uwzględnij ponadto tych, z którymi tylko raz miałaś kontakt, nawet jeśli było to negatywne doświadczenie. Pomyśl też o swoich idolach, gdy byłaś młoda, gwiazdach rocka i filmu, w których byłaś po uszy zakochana, podobnie też o innych miłościach, przy których nie doszło do żadnego związku. Napisz na każdej figurce odpowiednie imię i ułóż w przekroju twojego domu. Wyszukaj dla każdej lalki odpowiednie miejsce. Niektórzy ukryli się być może w szafie, inni leżą wciąż obok ciebie w łóżku lub zajmują połowę pokoju dziennego. Daj sobie czas i przyjrzyj się wszystkiemu dokładnie. Czy to, co widzisz, zgadza się? A może niektóre figurki musisz zrobić od nowa, na przykład większe, ponieważ mają dla ciebie wciąż duże znaczenie lub wciąż zajmują dużo miejsca? Spróbuj pokazać to, co czujesz wewnętrznie.

Wyobraź sobie teraz, że znalazłaś nowego partnera. Wczuj się krótko w tę osobę. Jak on by się czuł, wchodząc do twego domu? Czy tu w ogóle jest jeszcze miejsce dla niego? Spróbuj, z perspektywy nowego, wyobrażonego partnera, przejść się po domu i na wszystko spojrzeć jego okiem. Którzy ekspartnerzy szczególnie ci przeszkadzają? Czy są też tacy, którzy w ogóle nie przeszkadzają lub których obecności nawet nie zauważasz? Zbadaj i sprawdź gruntownie swoje wrażenia i uczucia, wchodząc w rolę przyszłego partnera. Pomyśl następnie o ewentualnych rozwiązaniach w stosunku do relacji, które ci się nie podobały. Zmień na przykład miejsce kilku lalek i wystaw je życzliwie, acz zdecydowanie, za drzwi. Inne figury pozostaw na ich miejscu, ale jeśli chcesz, żeby nie zajmowały zbyt wiele przestrzeni, to możesz ponownie wyciąć dla nich mniejsze figurki.

To ćwiczenie możesz przeprowadzić wspólnie z przyjaciółką. Rozłóż przed nią rysunek domu z lalkami i poproś, żeby wczuła się w rolę przyszłego partnera i oceniła sytuację. Słuchaj dokładnie, co ma ci do powiedzenia. Porozmawiajcie potem o nowych miejscach dla ekspartnerów. Pracujcie tak długo, aż „nowy" partner będzie miał poczucie, że ma dla siebie dosyć przestrzeni.

Nie chodzi więc o to, żeby wyrzucić z domu wszystkich byłych partnerów. Każdy były ukochany jest częścią twojej przeszłości i ma prawo do swojego miejsca, ponieważ jest częścią ciebie. W tym ćwiczeniu możesz śmiało wypróbować różne warianty, przesuwaj laleczki tak długo, aż znajdziesz dla nich odpowiednie miejsce. Kieruj się przy tym swoimi własnymi odczuciami i „opiniami" nowego partnera, aż powstanie nowa, zrównoważona sytuacja.

Uporządkuj rzeczy

Rytuał

Weź sobie coś do pisania i przejdź się po własnym mieszkaniu. Sporządź inwentarz wszystkich rzeczy, które dla ciebie wiążą się z wcześniejszymi związkami. Jakie rzeczy dostałeś od byłych partnerek, a co one pozostawiły? Czy są jakieś rzeczy, które pożyczyłeś i dotąd nie oddałeś? Jakie przedmioty od nich znajdują się jeszcze w twoim mieszkaniu? Zrób kompletną listę ze wszystkimi rzeczami. Przy każdym przedmiocie zastanów się, co odczuwasz w związku z faktem, że te rzeczy znajdują się jeszcze w twoim domu: czy jest to dla ciebie przyjemne, obojętne, obciążające, piękne, zawstydzające...?
Zastanów się następnie, których z tych przedmiotów mógłbyś się pozbyć. Podejmij świadomą decyzję dla każdej rzeczy na twojej liście. Być może niektóre przedmioty będziesz chciał postawić w innym miejscu. Niektórych rzeczy być może nie będziesz chciał oddać, ale nie chcesz też patrzeć na nie codziennie. Może należałoby je przechowywać w skrzyni lub pudle. Inne przedmioty być może zechcesz spalić lub dać komuś, kto się z nich ucieszy. Być może są jeszcze rzeczy, które pragniesz zwrócić swojej ekspartnerce.

Dzięki świadomej decyzji w stosunku do każdego pojedynczego przedmiotu, powstanie więcej jasności, a także (dosłownie) więcej miejsca w twoim domu.

Bye, bye

Możesz żywić tak silne uczucia do byłego partnera, że nawet nie wiesz, jakie właściwie masz z nim teraz relacje. Jeśli się wyraźnie nie określi miejsca dla ważnego ekspartnera, trudno jest zamknąć stary związek, ponieważ nie można podjąć żadnych kroków służących pożegnaniu się i nabraniu dystansu.

Czy masz wrażenie, że w twoim życiu nadal są pewni partnerzy, którzy są ci jeszcze bardzo bliscy uczuciowo lub których usunęłaś ze swojego życia bez właściwego pożegnania, a którzy jeszcze tak wiele dla ciebie znaczą? Wtedy warto dać im na pewien czas jakieś piękne miejsce.

Rytuał

Ustaw na przykład zdjęcie swojego eks na szczególnym miejscu, tak żebyś mogła często na niego spoglądać. Gdy pojawiają się jeszcze uczucia, wtedy wypowiedz je w kierunku fotografii. Ale nie przesiaduj przed zdjęciem godzinami, płacząc i błagając, żeby znów do ciebie wrócił, bo przez to poczujesz się jeszcze gorzej.
Lepiej z godnością wypowiedz na przykład słowa: „Nadal zajmujesz dużo miejsca w moim życiu. Najchętniej szłabym dalej razem z tobą. Tak się jednak nie stało, i jest mi przykro z tego powodu. Nie mam wyboru. Dlatego pozwalam ci teraz odejść. Teraz nastawiam się na przyszłość i chcę powitać inną osobę, którą będę mogła pokochać. Wciąż masz swoje miejsce w moim sercu, ale chciałabym poczuć wolną przestrzeń dla kogoś innego".
Za każdym razem, gdy poświęcisz kilka minut swoim uczuciom i wyrazisz je, zakończ swoje słowa postanowieniem patrzenia w przyszłość i otwarcia się na to, co tam na ciebie czeka, na kogoś innego, kto cię pokocha.

Prawdopodobnie zauważysz, że po pewnym czasie pojawi się spokój. Sama z siebie będziesz zwracać mniejszą uwagę na zdjęcie. A to oznacza, że nadszedł właściwy moment, żeby partnerowi dać mniej widoczne, mnie wyeksponowane miejsce, stawiając mniejsze zdjęcie, umieszczając fotografię gdzie indziej lub wkładając do szuflady.

Z innego punktu widzenia

To ćwiczenia pomoże ci popatrzeć na swoje wcześniejsze związki z innego punktu widzenia i w ten sposób dzięki nowemu spojrzeniu nabierzesz większego dystansu do przeszłości. Do tego ćwiczenia potrzebne ci będą: dwa krzesła, coś do pisania, papier oraz kilka twoich zdjęć.

Ćwiczenie

Na każdą ekspartnerkę poświęć osobną kartkę papieru i napisz na niej jej imię. Po napisaniu wszystkich imion, poszukaj dla każdej partnerki odpowiedniego zdjęcia z czasów waszego związku.

Zacznij od pierwszego związku. Na jednym krześle połóż kartkę z imieniem odpowiedniej osoby, a na drugim krześle swoje zdjęcie z czasów tego związku. Gdy chodzi o wieloletni związek, możesz na tym krześle położyć kilka swoich zdjęć.

Usiądź na krześle swojej eks, popatrz przez chwilę na swoje zdjęcie na drugim krześle i zamknij oczy. Spróbuj zupełnie świadomie przyjąć rolę partnerki, wejdź w jej skórę. Potem otwórz oczy i popatrz na siebie, Twoje zdjęcie, oczyma byłej ukochanej. Jakie uczucia i myśli przychodzą ci do głowy? Być może nie czujesz wiele, albo jesteś zaskoczony jasnością i wielością emocji. Po dostatecznie długim czasie poświęconym na badanie swoich uczuć i myśli, możesz coś powiedzieć. Pamiętaj jednak, że celem ćwiczenia jest domknięcie związku tam, gdzie to konieczne. Być może czujesz, będąc w roli swojej ekspartnerki, że osoba na zdjęciu (czyli ty) jest dużo bardziej wartościowa. A być może pojawi się

jeszcze coś innego, coś niespodziewanego. Na przykład ogarnie cię poczucie winy, ponieważ tak właściwie to nie kochałaś tej osoby na zdjęciu. Sprawdź swoje uczucia, nie chodzi tu o to, żeby przypominać sobie konkretne fakty. Powiedz kilka zdań, dzięki którym będzie możliwe rozstanie w pokoju. Powiedz na przykład: „Kocham cię bardziej niż to kiedykolwiek wyraziłam. Szkoda, że wtedy nie potrafiłam tego przekazać. Chętnie szłabym z tobą dalej, ale najwidoczniej nie było nam to pisane. Żegnam się z tobą i zachowam w pamięci dobre wspomnienia".
Inna możliwość brzmiałaby może tak: „Czuję, że stały się rzeczy, które cię zraniły i o których nigdy nie rozmawialiśmy. Przykro mi, że nie byłam dość szczera. Teraz, gdy jestem starsza, zrobiłabym to inaczej. Dziękuję za twoje zaufanie, które mi ofiarowałeś". Poszukaj pełnych szacunku słów, które wyrażą to, co czujesz.
Gdy będziesz gotowy, wstań z krzesła. Pamiętaj, że uczucia i obrazy, których doświadczyłeś na krześle swojej ekspartnerki, nie muszą się zgadzać z rzeczywistością, z jej rzeczywistością albo z faktami. Podczas tego ćwiczenia pojawiają się obrazy i uczucia, które pomogą ci dobrze zamknąć daną relację. Być może są to prawdziwe uczucia i myśli twojej byłej partnerki, ale równie dobrze mogą pochodzić z twojej własnej podświadomości. Dlatego wstając z miejsca swojej eks, zostaw za sobą wszystko, czego tam doświadczyłeś.
Jeśli chcesz, możesz jeszcze na chwilę usiąść na swoim krześle, na którym wcześniej leżały twoje zdjęcia. Być może jest coś jeszcze, co chcesz teraz powiedzieć, po tym jak „usłyszałeś" swoją partnerkę. Jest też możliwe, że nie będzie to konieczne i że zakończysz ćwiczenie od razu, na przykład zdejmując z krzesła kartkę z jej imieniem. Tę kartkę możesz spalić natychmiast lub dopiero po zakończeniu pracy ze wszystkimi partnerami, razem z pozostałymi kartkami.

Gdy skończysz pracować z pierwszym partnerem, zazwyczaj od razu możesz zacząć pracę z następnym. Jednak w niektórych przypadkach to, czego doświadczyłeś na miejscu swojej byłej partnerki, może być tak intensywne, może tak bardzo cię poruszyć, że powinieneś dać sobie trochę czasu, żeby wszystko zintegrować i trochę się uspokoić. Tego samego dnia lub kilka dni później, kontynuuj ćwiczenie i przeprowadź je ze wszystkimi swoimi partnerkami.

Nie mów (już) nic złego

W jaki sposób w rozmowach z innymi mówisz o swoim byłym partnerze? Z respektem, poniżająco, ze złością czy współczuciem? Zastanów się nad tym przez chwilę.

Ćwiczenie

Zrób listę z imionami wszystkich swoich partnerów. Napisz przy każdym imieniu w kilku słowach, co o nim myślisz. Zapytaj przyjaciół, w jaki sposób mówisz o konkretnych osobach i jak oni to oceniają. Być może okaże się, że myślisz o byłych kochankach bez szacunku, że wciąż jeszcze próbujesz swojego eks poniżać, nawet jeśli nie jesteście już razem. Być może opowiadasz o rzeczach, które są zbyt intymne, żeby w ogóle o nich opowiadać. Albo oburzasz się nadal z jego powodu, jak gdybyś musiała nadal udowadniać, co to był za typek.
Jeśli w ten sposób mówisz o byłym, wtedy nie jesteś dla nowego partnera godna pożądania! Gdy teraz mówisz z lekceważeniem o ludziach, którzy kiedyś byli ci bliscy, to będziesz się prawdopodobnie tak samo negatywnie wyrażać o drugiej osobie na końcu nowego związku.
Oczywiście nie musisz zgadzać się ze wszystkim, co wydarzyło się we wcześniejszym związku. Ale spróbuj tak mówić o byłym partnerze, żeby go nie poniżać lub przedstawiać jako kogoś marnego, złego, głupiego i mało wartościowego. Chroń siebie i byłego partnera, nie ośmieszaj chwil intymności, w których byliście podatni na zranienie, nie opowiadaj tego jako poniżających dykteryjek przy kawie. Pozwól partnerowi zachować godność.

Dzięki temu będziesz mogła patrzeć na wcześniejsze związki z większym szacunkiem. A okazując respekt, wzbudzisz większe zaufanie i będziesz bardziej godna pożądania jako nowa partnerka dla kogoś, kto jest w trakcie poszukiwań…

To, co dobre

Od każdej osoby, z którą byłeś lub jesteś w intymnym związku przez krótszy lub dłuższy czas, uczysz się czegoś lub otrzymujesz coś nowego. Gdy spoglądasz wstecz na byłe partnerki, możesz zobaczyć rzeczy, które wzbogaciły twoje życie i które od nich otrzymałeś. Jedna pokazała ci, co to znaczy otworzyć serce, inna pozwoliła doświadczyć w seksie wymiarów, które były dla ciebie zupełnie nieznane, a przy trzeciej nauczyłeś się czegoś ważnego o dobrych sposobach komunikacji. Mogą to być również rzeczy zupełnie praktyczne: Jedna z twoich byłych zaprosiła cię po raz pierwszy do japońskiej restauracji, a teraz jest to twoja ulubiona kuchnia. Albo podarowała ci książkę określonego autora, który cię szczególnie poruszył.

Rytuał

Sporządź teraz listę przynajmniej dziesięciu–piętnastu znaczących prezentów, które otrzymałeś od swoich byłych partnerek. Kup następnie dokładnie tyle pięknych kwiatów, ile punktów wypisałeś na swojej liście i ustaw je w paradnym wazonie. Przywiąż do każdego kwiatka karteczkę, na której obok imienia byłej partnerki nazwij dar, który wniosła ona do twojego obecnego życia. Ciesz się tym bukietem w nadchodzących dniach. Usiądź przed nim, patrząc na kwiaty, medytuj, przyjmij te prezenty na nowo. Podziękuj w sercu ekspartnerkom za te ubogacenia i pozytywne zmiany, które dzięki nim przyszły do twojego życia.

Po kilku dniach kwiaty zaczną więdnąć. Nie wyrzucaj ich od razu, nie dawaj im też świeżej wody. Natomiast pożegnaj się z przeszłością. Dobre rzeczy z przeszłości weź w siebie, one stały się częścią ciebie. Jednak to, co było, minęło. I dlatego pozwól odejść temu razem z kwiatami.
Gdy kwiaty całkowicie zwiędną lub uschną, wyrzuć je. Zostaw jednak wazon jeszcze przez pewien czas na swoim miejscu, na którym możesz go nadal widzieć. Siadaj czasami przed wazonem, popatrz na niego, pomedytuj nad pustym wazonem, pomarz sobie, o czym chcesz. Wazon niech pozostanie pusty jako symbol nowych, nieznanych rzeczy, które możesz dostać od kolejnej partnerki. Rzeczy, których sobie teraz nie potrafisz wyobrazić, które będą dla ciebie zaskoczeniem. Pozdrów te nowe dary w myślach. Otwórz się na to.

Usuń zrogowacenia

Jeżeli kontakty z innymi kończą się traumatycznie, wtedy mogą powstać napięcia i skurcze na płaszczyźnie fizycznej, emocjonalnej i mentalnej. Dzieje się tak przede wszystkim wtedy, gdy krzywda ta zostanie wyrządzona na koniec długiego i głębokiego kontaktu, po wieloletnim partnerstwie. W wyniku takich traumatycznych doświadczeń wytwarza się rodzaj zrogowacenia, które powstaje po to, żeby podobne zdarzenia nie mogły już tak głęboko dotknąć nas w przyszłości.

Zrogowacenie służy dodatkowej ochronie. Podobnie jak przy ciężkiej pracy fizycznej powstają zrogowacenia na dłoniach, tak też – kiedy przeżywasz trudny czas z bliskimi ludźmi – powstają „zrogowacenia" w twojej osobowości. W ten sposób chronisz siebie, stajesz się nieczuła w kontakcie z innymi. To ma oczywiście zalety i wady. Zalety, bo dzięki temu jesteś mniej podatna na zranienie. Wady, bo nie wydajesz się innym już taka miękka i delikatna, sprawiasz wręcz wrażenie nieczułej. Ponadto słabnie twoja wrażliwość na subtelne sygnały wysyłane przez innych.

Zrogowacenie jest dodatkową warstwą ochronną między tobą a tym, z którym jesteś w kontakcie lub chcesz wejść w kontakt.

Ćwiczenie

Zrób listę nieprzyjemnych doświadczeń, które miałaś w czasach zakochania, w krótkich lub długich związkach czy przy próbach nawiązania kontaktu z innymi. Nie musisz wypisywać wszystkich negatywnych doświadczeń, lecz tylko przypadki, w których miałaś poczucie, że wtedy coś w tobie stwardniało. Być może przypomnisz sobie też sytuacje, które wydarzyły się w kontaktach z twoimi rodzicami, rodzeństwem lub kolegami czy koleżankami ze szkoły.

Wybierz na początek ćwiczenia sytuację, która zawiera pewne napięcie, ale nie wywołuje nadmiernych reakcji. Przypomnij sobie krótko, co się wówczas naprawdę wydarzyło. Przenieś się na chwilę, na ile to możliwe, w przeszłość. Poczuj, w jaki sposób ta sytuacja wpływa na twoje ciało, uczucia i myślenie. Odnotuj dokładnie to, co czujesz: jest ci zimno czy gorąco, czujesz skurcz czy rozpieranie, odczucie jest jasne czy ciemne? Zważaj przede wszystkim na subtelne sygnały ciała, tak żebyś mogła dokładnie stwierdzić, gdzie i w którym miejscu utknęło to doświadczenie.

Przedstaw sobie efekt tego doświadczenia jako materię, która znajduje się w twoim ciele. Wyobraź sobie na przykład, że w tym miejscu, w którym czujesz najsilniejsze skutki tego zdarzenia, znajdują się liczne zwłóknienia lub rodzaj czopu. Nadaj temu wyraźny kolor i kształt. Wyobraź sobie, że twoje fizyczne ciało jest pustą przestrzenią, w której zwłóknienia unoszą się w określonym miejscu w powietrzu; następnie stopniowo i bez trudu przedostają się do twej skóry. Wraz ze zwłóknieniami zbierają się na skórze także subtelne stwardnienia i napięcia twego organizmu, z mięśni, tkanek i organów. Teraz wyobraź sobie, jak zwłóknienia przenikają przez skórę na zewnątrz i tworzą na zewnętrznej warstwie skóry cienkie stwardnienia, skorupę, zrogowacenia.

Przeprowadź to ćwiczenie wielokrotnie. Daj sobie dość czasu, żeby poczuć kilka razy skutki nieprzyjemnych doświadczeń, żeby uświadomić sobie, gdzie one się manifestują w ciele. Wyobraź sobie ciało jako pustą przestrzeń, w której unoszą się kłęby kurzu, który w końcu wychodzi na zewnątrz i na skórze staje się zrogowaceniem.

Następnie w myślach weź do ręki pumeks i wyobraź sobie, jak powoli, ale gruntownie usuwasz te zrogowacenia. Pomasuj skórę w myślach albo zrób to w rzeczywistości na przykład ulubionym olejkiem do ciała. Masuj skórę tak długo, aż zrobi się miękka i gładka. Gdy skończysz, nie przechodź od razu do następnego doświadczenia na liście. Następnego dnia powtórz ćwiczenie raz jeszcze z tą samą sytuacją. Weź to doświadczenie jako punkt wyjścia i przejdź cały proces kilka razy. W ten sposób ćwiczenie będzie miało trwałe oczyszczające działanie. W przeciągu następnych tygodni lub miesięcy będziesz mogła przerobić pozostałe punkty z listy.

To ćwiczenie nie czyni ciebie bezbronnym lub podatnym na zranienie: przecież twoja pamięć i rozum nadal działają, a ty nie jesteś już tak naiwna jak dawniej. Otrzymałaś nauczkę w przeszłości i jesteś czujna, ale jednocześnie jesteś odprężona, gdy o tym myślisz. Dzięki temu ćwiczeniu możesz uwolnić się od napięcia.

Można to porównać z sytuacją, w której zaskoczył cię gwałtowny deszcz i byłaś przemoczona do suchej nitki. Jest to nieprzyjemne doświadczenie, jest ci zimno i czujesz się źle i nie chcesz tego przeżyć raz jeszcze. A więc co możesz zrobić? Siedzieć w domu? Wtedy na pewno nie zmokniesz. Ale to jest rozwiązanie zbyt drastyczne, ponieważ niczego już nie przeżyjesz. Inna możliwość polega na tym, że za każdym razem wychodząc na zewnątrz, ubierzesz pelerynę – niezależnie od tego, czy świeci słońce, czy nie. W ten sposób będziesz w każdej chwili chroniona, nawet gdy przyjdzie oberwanie chmury. Ciągłe chodzenie w płaszczu przeciwdeszczowym co prawda też może pomóc, gdyby akurat znów zaczęło padać, ale właściwie jest to przesadna reakcja. Zamiast stale biegać w pancerzu, nawet gdy świeci słońce, przyjemniej jest zdjąć pelerynę i mieć ją w kieszeni. To jednak nie zwalnia cię ze zwracania uwagi na chmury. Gdy spadną pierwsze krople deszczu, zawsze możesz włożyć pelerynę lub schronić się gdzieś pod dachem.

Na tym polega praca nad usuwaniem „zrogowaceń". Dzięki swoim doświadczeniom życiowym uczysz się więc w porę rozpoznawać groźne sytuacje i zapobiegać im. Ciągłe noszenie ochronnego pancerza nie jest bynajmniej konieczne.

Przerwij stare więzy

Rytuał

Wytnij z kartonu figurki dla wszystkich osób, w których byłeś kiedykolwiek naprawdę zakochany (do których można zaliczyć także gwiazdy muzyki pop i nauczycieli), dla wszystkich ludzi z twojego kręgu przyjaciół, którzy byli dla ciebie rodzajem zastępczego partnera, gdy nie miałeś „prawdziwego" związku. Sporządź także figurki dla wszystkich osób, z którymi kiedykolwiek spałeś. Jeśli było ich zbyt wiele i nie możesz ich sobie wszystkich dokładnie przypomnieć, to przygotuj figurki tylko dla tych, których dobrze pamiętasz.

Podpisz każdą figurkę imieniem. Następnie ułóż je wszystkie w dużym kole wokół siebie. Wyobraź sobie, że między tobą a każdą pojedynczą laleczką istnieje więź, nić lub sznur. Jeśli lubisz majsterkować, możesz do każdej figurki przywiązać nić lub sznurek, tak żeby wszystkie nitki zbiegały się w środku, w miejscu, w którym stoisz. Jeśli użyjesz prawdziwych nici, będziesz potrzebować później noża lub nożyczek.

Zwróć się teraz osobiście do każdej figurki, wymień jej imię i opowiedz jej, że szukasz nowej partnerki w życiu. Podziękuj tej osobie za wszystko, co dzięki niej otrzymałeś. Powiedz jej też, że teraz chcesz przerwać lub zmienić z nią więź, żeby zyskać więcej przestrzeni dla nowej partnerki. Powiedz, że dasz jej mniej ważne miejsce, tak żeby powstała przestrzeń dla innych ludzi. Następnie z szacunkiem pożegnaj się z nią krótko i wyobraź sobie, że nić między wami puszcza lub staje się coraz cieńsza, zależnie od tego, co ci lepiej pasuje. Jeśli stosujesz prawdziwe nitki, przetnij je. W ten sposób przechodź od jednej osoby do drugiej. Na koniec wszystko posprzątaj.

Prawdopodobnie są figury, które po przecięciu nitek możesz bez trudu odłożyć na bok lub wyrzucić. Być może są też takie, z którymi chciałbyś jeszcze zachować pewną więź, to także może być właściwe. Poproś je bardzo wyraźnie i zdecydowanie, żeby pozwoliły ci na nowy związek. Poproś je, niech uwolnią cię na tyle, żebyś miał rzeczywiście wystarczająco dużo przestrzeni dla tej kolejnej partnerki.

Każdej z tych osób daj miejsce w swoim sercu. Ale wyjaśnij im raz jeszcze, że naprawdę chcesz zachować wolność, żeby rozpocząć coś nowego. Figurki, które chcesz zachować w swoim sercu, możesz przechowywać w specjalnym miejscu. Rozmawiaj z nimi czasami jako z grupą. Powiedz, że pragniesz nadal przyznać im właściwe miejsce, i poproś je jednocześnie o stworzenie przestrzeni dla nowej osoby. Poproś je także, żeby cię wspierały w twoich poszukiwaniach, w znalezieniu i rozpoczęciu nowego związku.

Od jednego do drugiego

Jest wiele osób, które przy wyborze partnera przez pewien okres w swoim życiu uważają za atrakcyjnych najpierw mężczyzn, później kobiety – lub odwrotnie. U niektórych te preferencje zmieniają się kilkakrotnie. Osoba, której preferencje zmieniają się z biegiem czasu, przechodzi często bardzo głęboki proces, któremu towarzyszy wiele wewnętrznych pytań. Wówczas użyteczne może być wzmocnienie nowego wyboru przy pomocy prostego rytuału, w którym przechodzi się od jednego bieguna do drugiego.

Rytuał

Zaznacz na ziemi duże koło o średnicy około trzech metrów. Podziel je na cztery części równej wielkości. Pierwsza ćwiartka jest dla mężczyzn, którzy kochają kobiety, druga dla mężczyzn, którzy kochają mężczyzn. Trzecia ćwiartka jest dla kobiet, które kochają mężczyzn, a czwarta dla kobiet, które kochają kobiety.

Na początek wejdź do strefy, w której w przeszłości szukałeś i znajdowałeś swoich partnerów. Jeśli jesteś kobietą, która przez dłuższy czas miała związki z kobietami, zaczynasz od czwartej ćwiartki – kobiet, które kochają kobiety. Jeśli jesteś mężczyzną, który się dotąd zakochiwał w kobietach, ale w ostatnim czasie ciągnie go do mężczyzn, to zacznij od ćwiartki mężczyzn, którzy kochają kobiety, a następnie przejdź do ćwiartki mężczyzn, którzy kochają mężczyzn. Wchodzisz więc najpierw w obszar, który reprezentuje grupę twoich wcześniejszych partnerów. W tym obszarze spędziłeś część swego życia. Wylicz zalety, a potem wady tego obszaru dla siebie. Nie jest ważne, co powiesz, wymień po prostu to, co spontanicznie przychodzi ci do głowy jako skojarzenie. Skieruj swoje słowa do ludzi w tej ćwiartce i powiedz im na przykład: „Znam zalety i wady tego miejsca. Przeżyłem tu dobre i złe rzeczy. Na tym etapie mojego życia podjąłem decyzję, żeby ten obszar opuścić. Dziękuję za wszystkie dobre rzeczy. Wszystko, co tu było wartościowe, zachowam nadal w moim sercu".

Jeśli się zdecydujesz, żeby szukać partnerów nie w tej, lecz w innej płci, wtedy ludzie z tej pierwszej strefy będą często rozczarowani. Nie ma przy tym znaczenia, w której ćwiartce rozpocząłeś. Być może doświadczą twojego rozczarowania jako osobistego odrzucenia lub poniżenia. Być może poczujesz, że oprócz rozczarowania okazana ci zostanie nawet złość. Nic

dziwnego. Jeśli podczas tego rytuału wyda ci się, że okazano ci złość lub inne negatywne uczucia, to zwróć się do tej energii na przykład w taki sposób: „To, co czuję i czego potrzebuję w tym momencie swojego życia, jest czymś innym niż to, co wy znacie lub możecie mi dać. Nie gniewajcie się zatem na mnie. Nie próbujcie zatrzymywać w tym miejscu, lecz poszukajcie sobie innego mężczyzny/innej kobiety, osoby, która was szanuje i potrzebuje dokładnie tego, co możecie jej dać, i która będzie mogła dać wam to, czego potrzebujecie".
Rozstań się więc z poprzednią grupą, wyjdź z tego obszaru i przejdź do sfery, w której teraz chcesz szukać swojego nowego partnera. Połącz się z ludźmi i z siłą, która jest tam obecna, i powiedz coś w rodzaju: „Potrzebuję prawdopodobnie jeszcze trochę czasu, żeby się do was przyzwyczaić, ale przychodzę tutaj, żeby szukać i znaleźć nowego partnera".
A kiedy już stoisz w obszarze, gdzie znajduje się grupa osób, do której teraz chcesz należeć, wypowiedz kilka zdań: „Nie było mi łatwo tutaj się dostać. Jestem teraz cząstką was, tutaj chcę się czuć jak w domu. Jeśli w tym miejscu trzeba się czegoś nauczyć, to pomóżcie mi, proszę".
Powtórz ewentualnie to całe ćwiczenie wiele razy w kolejnych dniach, aż ruch z jednej do drugiej grupy po prostu się dokona i zostanie w tobie dobrze ugruntowany.

Otwórz drzwi

Nie trudno jest na płaszczyźnie relacji popełniać faux-pas. Czasami odważamy się na rzeczy, które później okazują się nie takie dobre, albo powstają sytuacje, w których partner kogoś rani. Innym razem oboje popełniają błędy, których – patrząc z późniejszej perspektywy – lepiej byłoby uniknąć. Cokolwiek się stanie, w każdym związku oboje partnerzy mają doświadczenia, przez które czują się zranieni, więc myślą, że teraz muszą się uzbroić przed drugim człowiekiem dla ochrony przed dalszymi zranieniami.

Gdy jakiś związek dobrze funkcjonuje, a rana nie jest zbyt duża, wtedy te mechanizmy obronne mogą zostać stopniowo, krok po kroku zdemontowane. Ale niestety często zdarza się tak, że partnerzy coraz bardziej się chronią, zamykają przed sobą coraz więcej drzwi. Ostatnim etapem tegoż jest zakończenie związku. Dobra własna ochrona daje nam uczucie samodzielności i wewnętrznej siły, ale jednocześnie uniemożliwia nam nieodzowne zaufanie, gdy chcemy się rzeczywiście z kimś związać.

Ćwiczenie

Gdy zastanowisz się nad własnym życiem, nie będzie ci prawdopodobnie trudno przypomnieć sobie przeżycia, które sprawiły, że zamknąłeś te czy tamte drzwi, zamknąłeś się bardziej, żeby lepiej uzbroić się przed emocjonalnym bólem w kontakcie z innymi.

Sporządź teraz listę tych doświadczeń, wypisz wszystko, co ci przyjdzie do głowy. Przyjrzyj się tej liście raz jeszcze i podziel ją na dwie kolumny. Wypisz na osobnej kartce doświadczenia, których absolutnie nigdy nie chcesz już doznać, które były raniące, poniżające lub szkodliwe. Być może nadarzy się w przyszłości okazja, żeby z tymi sytuacjami dalej pracować. Ale w tym ćwiczeniu zostawimy je na boku. Być może lepiej jest na razie zostawić te blizny w spokoju.

W tym ćwiczeniu skieruj swoją uwagę na doświadczenia, które skłoniły cię kiedyś do wycofania się, ale które z dzisiejszej perspektywy, z twoim obecnym doświadczeniem życiowym, nie wydają się takie straszne. Są to przeżycia, z którymi teraz potrafiłbyś sobie poradzić.

Wyobraź sobie swoje własne wnętrze jako trójwymiarową przestrzeń, jako wielką salę z bardzo wieloma drzwiami i oknami we wszystkich ścianach. W tym pomieszczeniu są przechowywane wszystkie twoje doświadczenia. Wyobraź sobie obok okien i drzwi regały z książkami i szafami, w których starannie ułożone jest wszystko, co kiedykolwiek przeżyłeś. Zobacz wyraźnie ten obraz przed sobą, uczyń go tak konkretnym, jak to możliwe. Niektóre okna i drzwi są otwarte, inne zamknięte, niektóre drzwi są być może zamknięte na klucz. Przy niektórych oknach zasunięte są zasłony, przy innych wiszą tylko firanki.

Weź teraz listę z doświadczeniami, które były dawniej dla ciebie trudne i na podstawie których zamknąłeś się, ale z którymi mógłbyś dzisiaj sobie dobrze albo lepiej poradzić. Pracuj za każdym razem tylko nad jednym doświadczeniem. Ta sytuacja sprawiła kiedyś, że zamknąłeś drzwi lub zaciągnąłeś zasłonę w oknie. Podejdź w swoim wewnętrznym pomieszczeniu do zamkniętych drzwi lub okien, które twoim zdaniem odpowiadają temu wydarzeniu. Wyobraź sobie, że na tych drzwiach lub na tym oknie wisi kartka lub list ze streszczeniem tego konkretnego doświadczenia. Weź następnie ten list i włóż go do szafy lub szuflady. Podejdź w swoim wewnętrznym pomieszczeniu do drzwi lub okna, na którym wisiał ten list. Powiedz sobie, że jesteś dość silny, żeby w przyszłości poradzić sobie z tym lub z podobnymi doświadczeniami, i że dlatego te drzwi lub okna nie muszą już być zamknięte. Rozsuń zasłony, odsuń zasuwę w drzwiach – i otwórz je.
Weź teraz kolejne doświadczenie ze swojej listy i znów poszukaj zamkniętych drzwi lub okien. Jednocześnie ze sprzątnięciem listów, które tam wisiały, zniknie konieczność życia za zamkniętymi drzwiami. W ten sposób krok po kroku otwierasz się coraz bardziej na świat zewnętrzny.

Ale nie wszystkie okna i drzwi muszą zostać otwarte. Niektóre być może pozostaną nadal zamknięte. Przy niektórych drzwiach otworzysz tylko zasuwę, ale drzwi pozostaną wciąż zamknięte. Przy oknach rozsuniesz może tylko zasłony, ale okno pozostawisz nadal zamknięte. Celem tego ćwiczenia jest stworzenie przestrzeni, większego kontaktu ze światem zewnętrznym, wpuszczenie powietrza i światła do twojego wnętrza. To, co musi być jeszcze zamknięte, pozostanie zamknięte. To, co już można było otworzyć, zostało otwarte.

Balast przeszłości

Jeśli od dłuższego czasu szukasz partnerki, to masz już prawdopodobnie kilka rozczarowujących doświadczeń. Rozczarowania są nieprzyjemne nie tylko w chwili, w której następują. Każda pomyłka, każde złe doświadczenie przyczynia się do tego, że czujesz się bezsilny i sfrustrowany. W ten sposób stopniowo powstają negatywne przekonania na temat siebie samego, na temat poczucia własnej wartości, a także innych ludzi i szans na partnerskiej giełdzie.

Osoba, która od dłuższego czasu bez jakiegokolwiek rezultatu szuka partnera, rozwija powoli obronną tarczę lub pancerz, żeby nie czuć się zranioną, gdy znów dojdzie do rozczarowania. Dobrze jest w życiu twardo chodzić po ziemi i widzieć względność negatywnych doświadczeń. Jednak stopniowo stajemy się nieczuli, a od pewnego momentu robimy już tylko kąśliwe uwagi o innych. Wtedy oznacza to, że nadszedł czas, żeby raz jeszcze gruntownie sprawdzić automatyczne reakcje obronne i ukryte przekonania. Kolejne ćwiczenia i rytuały mogą ci w tym pomóc.

Tu i teraz

Wszystkie doświadczenia, które czynimy w kontaktach z innymi, wpływają na to, jakie miejsce zajmujemy w życiu i jaki jest nasz stosunek do otoczenia. Wszystkie zranienia sprawiają, że mamy się na baczności, jesteśmy czujni i potrafimy szybko wywęszyć niebezpieczeństwo. Ma to swoje zalety, ale ma też wady. Jeśli wiele razy zostałaś porzucona, to będziesz świadomie lub nieświadomie sprawdzać nowego partnera, na ile jest ci wierny. Jeśli byłaś bita, wtedy liczysz się przy każdym nieoczekiwanym ruchu drugiej osoby z uderzeniem, niezależnie od tego, czy ktoś chce cię uderzyć czy nie.

Wcześniejsze negatywne doświadczenia pomagają ci antycypować trudne sytuacje, ale odbierają ci jednocześnie jasne spojrzenie na teraźniejszość. Utarte wzorce utrudniają wyraźne widzenie tego, co się naprawdę dzieje tu i teraz. Jeśli chcesz przełamać władzę starych wzorców i negatywnych obrazów myślowych nad sobą samą, wtedy może ci pomóc prosty „trening-bycia-tu-i-teraz”. W ten sposób bardzo szybko będziesz w stanie jasno rozpoznać, co się dzieje wokół ciebie. Jeśli jesteś dobrze zakotwiczona w teraźniejszości, wtedy będziesz mogła lepiej rozpoznać swoje automatyczne reakcje wobec swoich bliskich – i tam, gdzie to możliwe, coś zmienić. Skoro tylko będziesz zdolna lepiej odbierać swoje własne uczucia i reakcje, wzrośnie też umiejętność lepszego ich kontrolowania.

Medytacja

Oto prosta medytacja. Usiądź i nastaw zegarek lub minutnik na około pięć minut. Przez ten czas po prostu siedź z wyprostowanymi plecami i otwartymi oczyma i wypowiadaj wszystko, czego doświadczasz. Ni mniej, ni więcej. Tylko tyle i aż tyle. Oto przykład: „Widzę muchę na ścianie". Kilka sekund i wtedy: „Zauważam, że chciałabym wstać. Zastanawiam się, jak długo ta medytacja będzie jeszcze trwała". Ale nie wstajesz. Podczas całej medytacji pozostań, na ile to możliwe, bez ruchu. Znów kilka chwil spokoju, zanim być może powiesz: „Przypomina mi się moja matka", „Myślę o tym, co będę jadła dziś wieczorem", „Moje ręce są ciepłe, wyraźnie je czuję".

Nie opowiadasz historii, każde zdanie jest opisem faktów, które w danym momencie pojawiają się w świadomości. Może przy tym chodzić o reakcje cielesne, myśli lub uczucia. Za każdym razem opisz je jednym zdaniem, tylko to, co akurat się w tobie dzieje. Potem zostaw to doświadczenie za sobą. Gdy na przykład przypominasz sobie matkę, powiedz tylko, że pojawiło się to doświadczenie, ale nie opowiadaj od razu całej historii. Jeśli zauważysz, że opowiadasz anegdoty, wtedy będziesz wiedziała, że straciłaś kontakt z tu i teraz. Powróć wtedy do wypowiadania pojedynczych zdań i skieruj uwagę na rzeczy, które dzieją się wokół ciebie. Otwórz się za każdym razem na nowo na to, co dokonuje się dokładnie w tym momencie w twojej świadomości. Żadnych historii, tylko zauważanie tego, co jest dostępne w doświadczeniu w każdym momencie. „Słyszę, jak dzieci się bawią... Czuję czubki moich palców... Moje myśli są szybsze niż słowa... Mam wciąż smak czekolady w ustach, którą zjadłam przed chwilą... Czuję moje pośladki na krześle... Miałabym ochotę na filiżankę herbaty... Jestem smutna... Swędzi mnie nos".

Siedzisz wyprostowana i nazywasz to, co odbierasz lub czujesz, bez identyfikowania się z tym. Kolejność myśli jest zupełnie bez znaczenia, często całkowicie nielogiczna. Prawdopodobnie będziesz skakała od gruszki do pietruszki, ale to nie szkodzi, dopóki starasz się pozostać w kontakcie z rzeczami, które pojawiają się w twojej głowie.

Gdy będziesz regularnie medytować, na przykład kilka razy dziennie, zauważysz, że podczas medytacji zaczyna się pojawiać przyjemne uczucie. Medytacja ta działa uspokajająco i koncentrująco.

Gdy będziesz medytować przez dłuższy czas, stwierdzisz prawdopodobnie, że również w codziennym życiu lepiej potrafisz dostrzec to, co się dzieje w danej chwili. Stopniowo będzie ci łatwiej zauważyć, jak reagujesz na innych ludzi. A gdy będziesz w stanie rozpoznać i obserwować swoje reakcje bez silnej identyfikacji, nie będziesz już automatycznie ulegała swoim starym wzorcom, lecz miała wolny wybór.

Odwróć to

Bardzo wielu z nas za każdym razem wchodzi w taki sam rodzaj związku. Ktoś z biegiem czasu odkrywa, że kolejna partnerka zdradza go po kryjomu, inny wciąż spotyka kobietę, która nie bierze go poważnie lub nie wchodzi w pełni w związek, zachowując pewien dystans. Niektórym udaje się nawet znaleźć za każdym razem partnera, który fizycznie się nad nimi znęca.

Jeśli wiele razy z różnymi partnerkami kończyłeś w ten sam sposób, wtedy nie od rzeczy będzie sprawdzenie raz jeszcze twojej własnej roli w tej grze. Oczywiście, nowa partnerka może jest po prostu pomyłką, ostatecznie nie znacie się jeszcze, gdy zaczyna się związek. Ale jeśli wciąż jesteś konfrontowany z tymi samymi trudnościami, wtedy nie możesz wykluczyć możliwości, że być może ty sam nieświadomie wybierasz wciąż taki a nie inny rodzaj partnerek. Jeśli tak jest, to dlaczego to właściwie robisz? Możesz zacząć psychoterapię i tam odkryć, co się za tym kryje. W niektórych przypadkach będzie to najlepsze rozwiązanie. Niniejsza metoda może też czasami dostarczyć ci kilku bardzo ciekawych spostrzeżeń.

Ćwiczenie

Weź kartkę, długopis i wypisz w pojedynczych zdaniach, co cię wciąż spotyka. Na przykład: „Moja partnerka nigdy nie stawia mnie na pierwszym miejscu" lub „Moja partnerka wymaga ode mnie za dużo, dlatego muszę się zamykać, żeby się chronić". Gdy już napiszesz kilka zdań, rozpocznij następujący eksperyment. Odwróć te zdania, przy czym treść pozostanie taka sama, ale teraz piszesz „ja" w miejscu, gdzie przedtem napisałeś „moja partnerka" i „moja partnerka", gdzie poprzednio widniało „ja". W ten sposób otrzymasz w wypadku powyższych przykładów: „Nigdy nie daję partnerce pierwszego miejsca" lub „Żądam od mojej partnerki za dużo, dlatego ona się zamyka, żeby się chronić".

Pozwól, niech te zdania do ciebie naprawdę dotrą. Być może nie mają dla ciebie sensu i nic z nimi nie potrafisz począć. Ale być może zauważysz gdzieś w okolicy żołądka lekkie mrowienie lub nagle coś ci zaświta w głowie.

Następny krok polega na tym, żeby te zdania objaśnić za pomocą skojarzeń. Zacznij od pierwszego zmienionego zdania z twojej listy. Po tym zdaniu wstaw słowo „ponieważ", a następnie dokończ to zdanie, wypisując dziesięć różnych powodów. Nie zastanawiaj się zbyt długo, chodzi właśnie o to, żeby odkryć spontaniczne myśli.

„Nie daję mojej partnerce nigdy pierwszego miejsca, ponieważ muszę uważać, żeby mi się nic nie stało. Nie daję jej nigdy pierwszeństwa, ponieważ zakochuję się za szybko w innych kobietach. Nie daję pierwszeństwa, ponieważ nie chcę raz jeszcze stracić kogoś, kto zajmował ważne miejsce w moim życiu".

Możesz użyć tego zdania raz jeszcze i zmienić także pierwszą część, a potem zakończyć je na dziesięć sposobów. „Dla mnie ważniejsze niż moja partnerka jest..." „Partnerka, która nie stoi na pierwszym miejscu, jest dobra dla mnie, ponieważ..." lub „Stawiam moją partnerkę na drugim miejscu, ponieważ...".

Napisz za każdym razem spontanicznie dziesięć odpowiedzi, nie cenzurując ich. Analiza siebie samego w ten sposób przyniesie ci interesujące i nieoczekiwane wglądy, zachęci cię, żeby pracować nad sobą i poznać swoją własną rolę w powracającym wciąż dramacie, zamiast za każdym razem winą obciążać innych.

Afirmacje

Niektóre sądy i przekonania na własny temat siedzą w nas tak mocno i uparcie, że bardzo trudno coś z tym zrobić. Wszystkie myśli biegną wtedy w tym samym kierunku, co przypomina sytuację z jazdy na rowerze – wjeżdżamy w koleinę lub szyny tramwajowe, z których nie możemy się już wydostać. Jeśli masz tego rodzaju głębokie, utarte przekonania na temat siebie samej, swoich związków i kontaktów z innymi, wtedy obok psychoterapii, grup wsparcia i innych form pomocy bardzo przydatne mogą się okazać afirmacje.

Afirmacje są pozytywnie sformułowanymi zdaniami, które ciągle powtarzasz, zapisujesz lub wieszasz na ścianie, żeby móc je stale widzieć. Pozostając przy obrazie koleiny podczas jazdy rowerem, można powiedzieć, że dzięki regularnemu stosowaniu afirmacji tworzy się alternatywny tor jazdy. Poza tym zdobywasz także świadomość, że możesz się zatrzymać, wyciągnąć rower z koleiny i umieścić go w nowym torze jazdy. Afirmacje nie rozwiązują starych wzorców całkowicie, lecz dają ci pewną alternatywę, nowy kierunek, w którym możesz się poruszać, pod warunkiem, że podejmiesz trud i będziesz stosowała afirmacje konsekwentnie przez kilka tygodni lub miesięcy.

Ćwiczenie

Jeśli chcesz pracować z afirmacjami na temat związków, to najpierw zastanów się spokojnie nad swoimi negatywnymi przekonaniami, swoimi sądami na temat siebie samej, swego partnera i związków w ogóle. Jako przykład rozpatrzymy dwa zdania z poprzedniego ćwiczenia. Pierwsze zdanie brzmiało: „Nie jestem najważniejsza dla mojego partnera". W afirmacjach używa się odwrócenia, ale nie każde odwrócenie ma takie samo działanie. Jeśli użyjesz w tym przypadku prostego odwrócenia „Jestem najważniejsza dla mojego partnera", to prawdopodobnie coś w tobie zaprotestuje. Przecież to nieprawda, że on stawia cię zawsze na pierwszym miejscu. I być może nie we wszystkich sytuacjach chcesz być stawiana na pierwszym miejscu.

Nie chodzi zatem o proste odwrócenie negatywnego w pozytywne. Zamiast dotychczasowego przekonania „Nie jestem najważniejsza dla mojego partnera", możesz zacząć myśleć alternatywnie: „Otwieram się na mężczyznę, dla którego jestem ważna", „Uczę się rozpoznawać mężczyzn, dla których partnerka jest najważniejsza" lub „Uczę się radzić sobie z partnerem, który jest dla mnie w pełni obecny". Zdania te odnoszą się do przyszłości i dają szansę otwarcia. Są tak sformułowane, że z ich znaczeniem możesz się zgodzić, nie negując prawdy przeszłości. Dzięki temu są łatwiejsze do zaakceptowania.
Drugie zdanie: „Moi partnerzy żądają ode mnie za dużo, dlatego muszę się zamykać, żeby siebie chronić", można zastąpić afirmacją: „Otwieram się na partnera, który chce ode mnie tyle, ile mogę mu dobrowolnie dać" lub „Uczę się mówić *nie*, bez całkowitego zamykania się".
Po napisaniu różnych negatywnych przekonań i znalezieniu odpowiednich afirmacji, następnym krokiem jest powtarzanie afirmacji. Możesz je napisać, dziesięć, dwadzieścia, sześćdziesiąt czy dwieście razy. Być może na początku wyda ci się, że to jak za karę, ale mimo wszystko spróbuj. I postaraj się, pisząc te zdania, przez chwilę pomyśleć o tym, co one oznaczają. Pozwól, żeby ich treść wniknęła w ciebie. Może trudno ci to sobie teraz wyobrazić, ale pisanie afirmacji jest przez wiele osób doświadczane jak rozkosz, coś, co daje dobre samopoczucie i nie ma nic wspólnego z karą. Możesz też określoną afirmację czytać na głos przez kwadrans co pół minuty, a następnie spędzić kilka sekund na tym, żeby uchwycić jej znaczenie. Inną możliwością byłoby nagranie afirmacji na kasecie. Tego nagrania możesz potem wysłuchać wieczorem przed zaśnięciem. Powtarzanie jest tutaj kluczem do sukcesu – i mam na myśli nie tylko jedno czy dwukrotne odbębnienie. Afirmacje najlepiej funkcjonują wtedy, gdy stale poświęcasz na nie trochę czasu, dzień po dniu, tydzień po tygodniu, miesiąc po miesiącu. Nie wykonuj tego ćwiczenia zbyt fanatycznie, nie musisz go robić codziennie. Ale na pewno kilka razy w tygodniu.

Niektórzy ludzie zapisują całe notatniki afirmacjami. Traktuj ten proces jako budowanie nowego toru jazdy obok starej koleiny, którą poruszałaś się przez lata. Jednak takiego alternatywnego toru jazdy nie da się stworzyć w przeciągu kilku dni czy tygodni. Ale poświęcając czas i trud założenia takiej alternatywnej drogi, niebawem zauważysz, że stare, utarte wzorce wywierają coraz mniejszy wpływ na ciebie, że pokazuje ci się coraz więcej możliwości podejmowania decyzji i że naprawdę stajesz się wolna w swoim myśleniu i działaniu.

Poczuj pożądanie

Ludzie, którzy od dłuższego czasu poszukują stałego partnera, stwierdzają w pewnym momencie, że w ich myślach i uczuciach odgrywa się pewien standardowy program. Ten program składa się z przekonań, obrazów i sądów, które stale się pojawiają. Zdania takie jak: „Prawdopodobnie nigdy mi się nie uda znaleźć partnerki, ponieważ wszystkie miłe kobiety są już zajęte", „Kobiety pragną przecież tylko silnych mężczyzn z płaskim brzuchem i silnymi muskułami. A ja jestem słabowity i nieatrakcyjny", „Jest tylu interesujących facetów, zatem nie mam szans", „Gdy mi się ktoś podoba, to zachowuję się tak nienaturalnie, że go po prostu odtrącam".

Uczucie rozczarowania, frustracji, czasem złości, zwątpienia i beznadziei... Od pewnego momentu powstaje łańcuch takich samych ciągów myślowych i sposobów zachowania. Myśli tego rodzaju, uczucia i programy działają jak ciężki balast, który nad wszystkim panuje. Gdybyś potrafił tylko na chwilę zostawić za sobą utarte wzorce, zobaczyłbyś, co się pod nimi kryje. Tym, co leży u podstaw wszystkiego, jest po prostu pragnienie bliskości z drugą osobą. Czyste, proste pragnienie bliskości i cielesnego bezpieczeństwa, które może dać ci tylko partnerka. Prawdopodobnie doświadczasz czegoś bolesnego, gdy uświadomisz sobie, że tej części brakuje w twoim życiu, że jest to część, której brak tak dotkliwie odczuwasz.

Gdy mnożą się rozczarowania, odrzucenia i pomyłki przy nawiązywaniu kontaktów, powstają z tego powodu trwałe wzorce myślowe i emocjonalne, a pragnienie partnerki z czasem zostaje zagłuszone. Właściwa tęsknota nie jest już tak mocno odczuwana, zostaje zagłuszona przez te wszystkie warstwy. Jednak jeśli naprawdę pragniesz mieć partnerkę, to niezbędne jest czyste jej pożądanie i tego pożądania nie należy dławić. W końcu to pragnienie jest twoją siłą napędową, która pomaga ci podejmować ryzyko, pokonywać przeszkody i brać się do dzieła. Niniejsze ćwiczenie może ci pomóc uwolnić pragnienia i wyzwolić z więzów beznadziejności.

Ćwiczenie

Zastanów się najpierw przez chwilę, jak obchodzisz się ze swoim pragnieniem partnerki. Zbadaj rozmaite życzenia, pragnienia i myśli, które się z tym wiążą. Przejrzyj obrazy i przekonania, które stały się trwałym elementem twojego repertuaru. Zwróć uwagę również na zjawiska pojawiające się w ciele, gdy powtarzasz kilkakrotnie swoje przekonania. Wypowiedz odpowiednie zdania kilka razy, na przykład: „Wszystkie atrakcyjne kobiety są już dawno zajęte. Nie ma już dla mnie właściwej partnerki".

Powtarzając wielokrotnie swoje przekonania, stwierdzisz być może, że robi ci się ciężko w brzuchu. Nadaj swojemu ciężkiemu uczuciu barwę i pozwól, żeby ta barwa stopniowo wypłynęła z twojego ciała przez nogi, na dół i wsiąknęła w ziemię. Zrób tak ze wszystkimi zdaniami. Powtórz to kilka razy, zbadaj cielesne odczucia, które się pojawiają, nadaj barwę temu uczuciu i pozwól jej wypłynąć z ciała. Wraz z wychodzącą barwą znika jednocześnie uczucie.

Po przerobieniu negatywnych i przygnębiających przekonań, nawiąż kontakt z życzeniem posiadania partnerki. Pragnienie, jeśli jest czyste, to rozczarowania czy sukcesy w miłości nie

mają nań żadnego wpływu. Pragnienie jest częścią twojej istoty, należy po prostu do bycia człowiekiem. Ażeby uzyskać dobrą łączność z tą tęsknotą, możesz przywołać obrazy i pozytywne doświadczenia ze swojej przeszłości, na przykład wspomnienia bezpośredniej i bezwarunkowej cielesnej bliskości, momenty delikatnych pieszczot lub innych intymnych chwil. Skoncentruj się na tych doświadczeniach i spróbuj odkryć, gdzie w twoim ciele te pragnienia są zakotwiczone. W sercu, brzuchu, ramionach czy w wielu różnych miejscach?
Tak samo jak przyporządkowałeś negatywnym uczuciom kolor, nadaj teraz kolor temu pragnieniu. I też temu kolorowi pozwól płynąć przez twoje ciało – ale nie na dół, lecz do góry. Pozwól, żeby to pragnienie rozeszło się po całym ciele, żeby razem z kolorem poszło w górę, przepłynęło przez tors, szyję, głowę, mózg i żeby wyrosło jak swoista korona energetyczna z twojej głowy. Wtedy wypuść to pragnienie jak balon, który uniesie się w daleki świat. Powtórz ten proces kilka razy: poczuj pragnienie, nadaj mu kolor, pozwól pragnieniu płynąć przez siebie, stopniowo wspiąć się do góry, a potem wypuść je, tak żeby mogło wznieść się w niebo. Balon niesie twoją wiadomość w świat. I kto wie, być może wyląduje gdzieś i otrzymasz na nią odpowiedź...
Dobrze jest to ćwiczenie zakończyć wyobrażeniem, że stąpasz mocno po ziemi.

Zmień utarte wzorce

Ćwiczenie

Usiądź wygodnie i daj sobie chwilę czasu.
Wyobraź sobie, że dziś wieczorem jest święto, idziesz na przyjęcie lub otwarcie wystawy. Jesteś oczywiście świadoma tego, że spotkasz tam miłego mężczyznę lub miłą kobietę. Jakie myśli pojawiają się w tobie, zanim tam pójdziesz? Zbadaj swoje myśli i uczucia, zarówno przyjemne, jak i nieprzyjemne.
Wyobraź sobie teraz, że jesteś rzeczywiście na tym przyjęciu lub wernisażu i znajdujesz się między tymi wszystkimi ludźmi. Widzisz kilka osób, z którymi chętnie byś chciała porozmawiać. Co wtedy robisz? Jak zazwyczaj reagujesz w takim przypadku?

Jakie standardowe myśli i uczucia pojawiają się w tej sytuacji? Stwórz sobie dokładny obraz własnych wzorców.
Następnie wyobraź sobie, że jesteś znów w domu. Nie nawiązałaś żadnego kontaktu z nowym człowiekiem. Być może zagadnęłaś kilka osób, ale do niczego to nie doprowadziło. Jak czujesz się w tym momencie? Co rozgrywa się w twojej głowie? Jakie sądy o sobie samej lub o innych kołaczą się w twojej głowie?
Przenieś się teraz ponownie do tej historii i przejdź raz jeszcze przez wszystkie sytuacje. Zacznij znów od uczuć, które masz przed wyjściem. Ale tym razem wyobraź sobie, że masz ze sobą duży kosz. Wszystkie znane myśli lub stare wzorce, które odkryjesz, wkładasz do tego kosza. W trakcie całej wizualizacji możesz się oczywiście swobodnie poruszać. Jeśli sobie na przykład wyobrazisz, że bierzesz określone myśli z głowy i wkładasz do kosza, możesz rzeczywiście wykonać ruch biegnący od głowy do wyobrażonego kosza, jak gdyby był on prawdziwy. Również inne fizyczne odczucia i wrażenia, które na przykład masz w brzuchu lub w okolicy serca, możesz stamtąd zabrać i włożyć do kosza.
Przejdź z koszem przez wszystkie trzy sytuacje z tego ćwiczenia: czas *przed*, *w trakcie* i chwila *potem*, gdy jesteś znów sama w domu. Nazwij wszystkie zebrane wzorce, weź je do ręki, wyjmij z głowy, serca i brzucha, a następnie zbierz do kosza.
Wyobraź sobie teraz, że robisz porządek w koszu i opróżniasz go. Puść wodze fantazji. Czy w koszu znajduje się gmatwanina zakurzonych materiałów w różnych kolorach? Włóż zawartość kosza do butli z wodą i potrząsaj nią tak długo, aż wszystko się rozpuści. Jeśli są to różne formy i struktury, możesz je na przykład rozdrobnić blenderem na jednolitą masę. Możesz ją następnie rozwiesić gdzieś na wietrze, żeby dobrze się przewietrzyła. Inna możliwość polega na tym, żeby kosz oczyścić pod strumieniem wody, aż zostaną wypłukane wszystkie resztki i okruszki. Użyj wyobraźni i rozpuść wszystkie kolory, formy, specyficzne cechy, aż w koszu znajdować się będzie neutralna masa lub energia.
Teraz przyszła pora, żeby znów sobie wyobrazić, że raz jeszcze udajesz się na święto. Wyobraź sobie najpierw, jak chcesz tym razem działać: przed, w trakcie i po święcie. Ponownie puść wodze fantazji i przygotuj się tym razem w przyjemny i po-

zytywny sposób. Jak będziesz się zachowywać na spotkaniu i jak potem na nie patrzeć? Wybierz różne strategie, przemyśl nowe i niespodziewane możliwości, pomysły i działania. Następnie daj neutralnej masie lub energii w twoim koszu nową formę, piękny kolor i przyjemny zapach. Poprzednio wkładałaś stare wzorce do kosza, teraz przekształć je w nowe, które są bardziej konstruktywne. Dopasuj masę w koszu do strategii, które sobie obmyśliłaś. Nadaj energii nową strukturę i przypomnij sobie, że nie musisz stale krążyć w karuzeli tych samych myśli i uczuć.
Wyjmij następnie nową, zmienioną strukturę z kosza i przyswój ją sobie. Wpuść ją całkowicie w siebie, do całego swego jestestwa. Możesz widzieć ją jako źródło, które daje ci siłę i odwagę, żeby myśleć, czuć i działać w inny sposób niż dotąd.
Następnie przejdź raz jeszcze wszystkie fazy: przygotowanie do wydarzenia, samo święto i moment tuż po. Zostaw swoje stare, utarte wzorce myślowe i uczucia za sobą i spróbuj reagować w nowy sposób. Wykorzystaj oczyszczoną i zmienioną substancję jako paliwo, pożywienie, żeby dać siłę nowemu nastawieniu. Wyobrażaj to sobie tak intensywnie, jak by to były rzeczywiste doznania.

Dziecko, nastolatek, dorosły

Relacje między ludźmi powodują czasami blizny i zranienia. Niekiedy jest to tak silne, że dana relacja musi zostać zakończona, innym razem wszystko układa się stosunkowo dobrze i partnerzy pozostają ze sobą. Ale niezależnie od tego, jak się układa, w każdym związku niektóre rzeczy nie udają się i dochodzi do trudności.

Tak jest już w relacji rodzice – dzieci. Na pewno rodzice starają się jak mogą, ale zupełnie bezproblemowo nigdy przecież nie będzie. Bolesne rany, które ktoś odniósł w dzieciństwie, są potem niestety serwowane partnerowi. W wielu przypadkach ludzie zachowują się w związkach właściwie jak dzieci, które domagają się od swojego partnera, żeby naprawił to, co kiedyś się nie udało.

Jeśli komuś dawniej brakowało matki, taka osoba może czuć się dzisiaj na przykład całkowicie osamotniona, gdy partner jest dłużej nieobecny niż było to ustalone. Jeśli na kogoś krzyczał ojciec, bo nie mógł już znieść hałasu swoich pięciorga dzieci, to później dla tej osoby podniesiony głos partnera może być poważnym problemem. W codziennym życiu partnerzy często nieświadomie przyjmują wzajemnie postawę dziecka. Tylko czasami się to zauważa.

Ćwiczenie

Zastanów się raz jeszcze nad dynamiką swoich wcześniejszych związków. Zwróć tym razem uwagę przede wszystkim na te momenty, w których doznałeś rozczarowania. Jeśli to możliwe, przypomnij sobie konkretne sytuacje i przypadki, w których przez działanie – lub niedziałanie – swojego partnera czułeś się samotny i zagubiony. Jaka część w tobie została wtedy dotknięta przez tę sytuację: dziecko, nastolatek czy dorosły?
Spróbuj poczuć różnice między poszczególnymi aspektami samego siebie. Kto decyduje w niewygodnych momentach o tym, jak rozwija się określona sytuacja w kontakcie z twoją partnerką: dziecko, nastolatek czy dorosły? I jaki wpływ twoje działanie miało na reakcje partnerki? Jeśli ty zachowujesz się nieświadomie jak dziecko lub nastolatek, to wtedy oczywiście niemożliwa staje się komunikacja z partnerką na płaszczyźnie człowieka dorosłego.
Być może rozpoznasz w swoim byłym związku akurat inną stronę, że czułeś się i zachowywałeś raczej jak ojciec lub matka, zamiast być równoprawnym partnerem. Do tego wrócę jeszcze za chwilę.

Wymień najpierw kilka sytuacji z przeszłości, w których – teraz to widzisz – w kontakcie z byłą partnerką wchodziłeś w rolę dziecka. Następnie wróć do różnych kryzysowych momentów w życiu, w których reagowałeś jak dziecko albo nastolatek w okresie dojrzewania. Wyobraź sobie, że stoisz naprzeciwko byłej partnerki. Wybierz zupełnie świadomie rolę dorosłego. Obserwuj, jak rozwinie się konfrontacja dwojga dorosłych, jak ty reagujesz i jak rozwija się cała sytuacja. Pozostań w roli dorosłego i z tej pozycji wybierz inną strategię niż ta, którą zastosowałeś w przeszłości, będąc w roli nieświadomego dziecka lub nastolatka.
Ćwicz w ten sposób z różnymi przypadkami z przeszłości, rozwijaj alternatywne strategie radzenia sobie z nieprzyjemnymi sytuacjami. Wreszcie sprawdź, czy rzeczywiście myślisz, czujesz się i działasz jak dorosły.
Rozważ teraz drugą stronę. Przypomnij sobie, czy w niektórych sytuacjach w kontakcie z partnerką nie grałeś roli ojca lub matki, a twoja partnerka zachowywała się jak dziecko. Teraz zupełnie świadomie wyjdź z roli rodzica. Co się zmienia? Reaguj jak równoprawny partner, a nie jak ojciec lub matka, która ma do czynienia z dzieckiem. Przemyśl sobie w ten sposób różne możliwości. Eksperymentuj w wyobraźni z alternatywnymi możliwościami radzenia sobie z partnerkami, które wchodzą w rolę dziecka.

Strach na wróble

Ćwiczenie

Zbuduj stracha na wróble wysokiego na przynajmniej siedemdziesiąt–osiemdziesiąt centymetrów. Zwiąż dwie skrzyżowane listewki, wypchaj ubranie słomą lub starymi gałganami i zamocuj głowę zrobioną ze starych skarpetek lub reklamówki. Ta lalka nie będzie służyła odstraszaniu ptaków, ma raczej stać się straszakiem na mężczyzn względnie kobiety. W tej postaci możesz wyrazić wszystkie swoje powody, żeby nie wchodzić już nigdy więcej w związek z mężczyzną lub kobietą. Obwieś lalkę symbolami swego oporu, gniewu, zranień i poniżeń. Wypisz odpowiednie słowa na karteczkach, namaluj różne rzeczy i wykonaj stosowne symbole. Postaraj się, żeby ta lalka była tak okropna i odpychająca jak to tylko możliwe.

Ustaw ją potem w swoim domu obok drzwi wejściowych przez kilka tygodni. Wyobraź sobie, że ta kukła będzie odstraszać wszystkich mężczyzn i kobiety, którzy przechodzą w pobliżu, również tych, którzy chętnie mieliby cię za partnera. Ciesz się ochroną, którą daje ci ta istota. Ale zastanów się także, czy ten strach na mężczyzn i kobiety rzeczywiście cię uszczęśliwia. Być może wypełnia swoją funkcję, przynajmniej spełniał ją skutecznie w przeszłości. Ale jeśli rzeczywiście chcesz znaleźć partnera, musisz pomyśleć o sposobie rozstania się z tą odstraszającą istotą. Przynajmniej część swego mechanizmu obronnego musisz zostawić, inaczej wszyscy będą cię unikać. Dlatego po pewnym czasie zdemontuj stracha całkowicie lub częściowo. Uwolnij się w ten sposób symbolicznie od przekonań i sądów, które sprawiają, że żaden mężczyzna nie ma odwagi się zbliżyć do ciebie.

W następnym kroku możesz kiedyś – będąc w twórczej fazie – spróbować stworzyć postać zapraszającą mężczyzn lub kobiety. Zrób znów lalkę, ale tym razem przedstawiającą wszystkie dobre i pozytywne rzeczy, którymi chcesz i umiesz dzielić się z partnerem. Ona opowie o twoim pożądaniu, twoich życzeniach, nadziejach, zaproszeniu dla partnera. Umieść na lalce maleńkie listy miłosne, być może w kolorowych, perfumowanych kopertach. Wyszukaj małe przedmioty, symbole i obrazki reprezentujące momenty, które chciałabyś przeżyć z partnerem, a także rzeczy, które możesz mu dać. Całość zrób tak pociągającą, zapraszającą i obiecującą, jak to tylko możliwe. Ustaw nową postać w tym samym miejscu, na którym poprzednio stał strach na wróble. Rozmawiaj z nią od czasu do czasu w swoim domu, poproś ją, żeby zwabiła odpowiedniego partnera.

Spokojne miejsce

Większość doświadczeń w naszym życiu możemy bez trudu zintegrować. Czasami dzieje się to szybciej, innym razem trzeba na to trochę czasu, ale większość przeżyć wcześniej czy później znajduje swoje miejsce. Zdarzają się jednak rzeczy, które są tak głębokie, że trudno sobie z nimi poradzić. Prawie każdy człowiek musi, lepiej lub gorzej, nauczyć się żyć ze złymi doświadczeniami i skutkami nieprzyjemnych wspomnień. Jeśli coś wytrąca nas z równowagi lub przydarza się nam coś strasznego, może być konieczna pomoc terapeuty lub inna forma profesjonalnej pomocy. Na szczęście nie jest to potrzebne we wszystkich przypadkach.

Nawet jeśli nie zawsze jest tak traumatycznie, to jednak prawie każdy człowiek ma pewne części w sobie, których woli nie oglądać, które lepiej zostawić w spokoju. Przeszłość jest wtedy nie do końca przepracowana. Ale co z tego? Nie powoduje to przecież prawdziwych trudności, a więc najczęściej nie troszczymy się o nie wcale.

Następne ćwiczenie dotyczy właśnie tego, żeby określone doświadczenia świadomie zostawić w spokoju. A więc nie chodzi o to, żeby ich w ogóle nie ruszać, lecz żeby im świadomie stworzyć określone i bezpieczne miejsce. Dzięki temu doświadczenia, które nie zostały w pełni załatwione i gdzieś czekają w kącie, mogą zostać lepiej domknięte. Wiedząc, że potrafisz swoje wrażliwe części sam ochronić, łatwiej będzie ci się otworzyć w kontakcie z innymi.

Ćwiczenie

Rozpocznij to ćwiczenie, wyobrażając sobie, że twoja osobowość składa się z najrozmaitszych aspektów. Składasz się być może z lwa salonowego, a obok posiadasz też jakąś część typowego domatora, który jest spokojny i zadowolony. Jest w tobie dziecko, sędziwy mędrzec, mężczyzna i kobieta.

Wyobraź sobie, że istnieje w tobie również część, która posiada siłę chronienia twoich siniaków, ran i blizn, które jeszcze nie całkiem się zagoiły, ale które już nie wymagają tak intensywnej

opieki i troski. Stwórz wyraźny obraz tej części w sobie. Prawdopodobnie nie będzie trudne wyobrazić sobie ten aspekt, ponieważ on musi gdzieś być obecny w tobie. Skoro jesteś w stanie funkcjonować w życiu codziennym, zatem posiadasz automatycznie siłę, żeby poradzić sobie z trudnymi sytuacjami.
Najpierw niech obraz tej części powstanie w tobie i daj mu dobre miejsce, wyobrażając sobie na przykład dom, mieszkanie lub pokój. To miejsce powinno dać się zamknąć, zarówno od wewnątrz, jak i od zewnątrz. Wyobraź sobie, że urządzasz i przysposabiasz je do zamieszkania razem z wewnętrzną częścią, która cię chroni. Musi to być dobre miejsce, żeby móc się tam wycofać. Stwórzcie razem przyjemne i przytulne miejsce, wyobraź sobie wszystkie szczegóły.
Wyobraź sobie następnie dwa klucze, które pasują do zamka do tego wewnętrznego pomieszczenia. Jeden klucz dla ciebie, drugi dla tej wewnętrznej części. Miejsce, które wspólnie stworzyliście, jest i pozostanie wyłącznie dla tej części, ale ty od czasu do czasu będziesz je odwiedzać. Oboje macie klucz, którym możecie otworzyć ten pokój, nikt inny nie może tam wejść.
Zanieś teraz w swojej wyobraźni, razem z tą wewnętrzną częścią, wszystkie swoje doświadczenia, które potrzebują ochrony, do tego pomieszczenia i ułóż każde na odpowiednim miejscu. W ten sposób dasz im wyraźne miejsce. Doświadczenia, które dotychczas były ciężarem, są tutaj bezpieczne i pod ochroną. Tutaj możesz je chronić, aż któregoś dnia nadejdzie taki moment, w którym zdecydujesz się, żeby nad nimi jeszcze popracować.

Zerwij łańcuchy, proś o pomoc

Ludzi, którzy od dłuższego czasu poszukują nowego partnera, ogarnia w pewnym momencie uczucie, że nic im się nie udaje i że nie wiedzą, co mogliby jeszcze zrobić. Wydaje się im wtedy, jak gdyby niewidzialna, nieprzenikniona siła działała przeciwko nim i stała na drodze do szczęścia. Jak gdyby dochodzili do przeszkody, której nie można usunąć własnymi siłami. Często

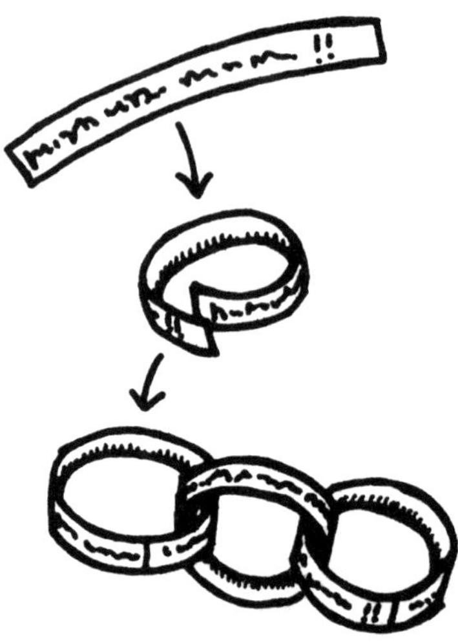

nie wie się wtedy w ogóle, co rzeczywiście jest przyczyną problemu. Wielu w takim momencie rezygnuje i przestaje starać się o to, żeby jeszcze kogoś znaleźć.

Niniejszy rytuał może wesprzeć i wzmocnić twoje zdecydowanie, żeby znaleźć partnera. Niezależnie od tego, czy ty sama masz jeszcze nadzieję i na ile wiesz, co jeszcze możesz zrobić. Z pomocą tego rytuału dajesz zewnętrzną formę swojej decyzji znalezienia partnera, staje się ona widoczna w symboliczny sposób.

Rytuał

Potrzebne ci będą kartki papieru, nożyczki, pisaki, taśma klejąca lub klej uniwersalny. Potnij kartkę papieru na dziesięć–dwanaście pasków. Z tych pasków zrobisz później łańcuch, sklejając ich końce ze sobą w taki sposób, żeby powstały kolejne ogniwa.

Gdy już będziesz miała wszystkie utensylia, daj sobie najpierw chwilę czasu, zanim zaczniesz ćwiczenie. Pomyśl, jakie czynniki utrudniają ci poszukiwanie partnera. Mogą to być określone przekonania, o których mowa była w poprzednich ćwiczeniach. Oto jeszcze kilka przykładów: „Wszyscy normalni mężczyźni są zajęci, nie ma już miłych facetów. Są tylko same oszołomy i psychopaci", „Jestem nieatrakcyjna, moje pośladki są za grube, moje nogi za krótkie i w ogóle nie wpadam w oko", „Nie mogę znaleźć odpowiedniego faceta", „Ja po prostu nigdy nie widzę, gdy się komuś podobam. Nie zauważam nigdy, że ktoś ze mną flirtuje. Z tego powodu przegapiam wszystkie moje szanse", „Młodzi faceci zachowują się agresywnie. W ogóle nie czuję się dobrze przy nich", „Jestem za stara, starzy ludzie nie mają już szans".

Usiądź i pozwól płynąć myślom i uczuciom rozczarowania, wtedy na pewno nie będziesz miała trudności, żeby odkryć w sobie różne zdania. Na każde zdanie weź jeden pasek papieru i napisz je na nim. Postaraj się wypisać przynajmniej dziesięć do dwunastu takich zdań.

Z tych papierowych pasków zrób teraz łańcuch i owiń go wokół nadgarstków. Jesteś teraz skuta kajdankami. Łańcuch jest symbolem twojej bezsilności. Jesteś teraz wystawiona na wpływy i czynniki, które nie są w twojej mocy, na które nie masz wpływu i które ograniczają ci swobodę ruchu.

Zwróć się teraz do sił, które mogą udzielić ci wsparcia, niezależnie od tego, jak je nazywasz: przypadkiem, duchowym przewodnikiem, duszą, Bogiem... Wybierz imię lub określenie, które najlepiej pasuje do twojego obrazu świata. Skieruj słowa do mocy, która jest pełna siły i ma wpływ na świat. Poproś o pomoc, pomódl się o wsparcie. Poproś tę moc, żeby dała ci siły do pokonania przeszkód stojących na drodze, tak żebyś swobodnie mogła iść dalej. Poproś o to, żeby usunęła te przeszkody, na które sama nie masz wpływu. Poproś o uwolnienie i żeby twoje życzenie znalezienia partnera stało się rzeczywistością. Zamknij oczy i otwórz się na siłę i wsparcie, które płyną do ciebie jako odpowiedź na twoją modlitwę, na twoje zaproszenie. Wzmocnij się i pokrzep tym, co wychodzi ci naprzeciw. Powtórz jeszcze kilkakrotnie swoje prośby, przy czym za każdym razem daj sobie czas, żeby poczuć, jak siła ta napełnia cię i płynie przez ciebie.

A teraz rozerwij łańcuch, porwij na kawałeczki. Niech ich strzępy spadną na podłogę. Zrób kilka kroków do przodu. Wykonaj te kroki bardzo świadomie, pozostań przy tym w kontakcie z duchowymi siłami, które wezwałaś, żeby ci pomogły. Idąc naprzód, poczuj ich wsparcie i ochronę.

Możesz ten rytuał wykonać także z przyjaciółką, która podobnie jak ty szuka partnera. Gdy jedna jest skuta papierowym łańcuchem, druga może stać przed nią i reprezentować źródło siły. Gdy będziesz prosić o pomoc i wsparcie, wtedy osoba pomagająca może powiedzieć: „Pomogę ci". Następnie może ci rzeczywiście pomóc uwolnić się z kajdan, możecie wspólnie zerwać pęta.

Zachowaj resztki rozerwanych kajdan jeszcze przez kilka dni lub tygodni. Połóż je na przykład na ołtarzu, przed którym medytujesz, albo powieś na innym miejscu, gdzie będziesz je stale widziała. Za każdym razem pomyśl, że widzisz resztki kajdan, że prosiłaś o wsparcie duchowe siły, które mają wpływ na świat, i że otrzymałaś ich wsparcie podczas wykonywania tego ćwiczenia. Przyglądaj się kajdanom w momentach, w których czujesz się bezsilna. Przemów wtedy do siebie w przekonaniu, że nie jesteś sama, że są siły, które pomagają ci pokonać lub zneutralizować rzeczy, na które sama nie masz wpływu. Przypomnij sobie, jak poczułaś ich siłę i wsparcie. Możesz też za każdym razem poprosić o wsparcie na nowo.

Pozwól odejść starym napięciom

Gdy w związku dochodzi do sporów i kłótni, dotyczą one najczęściej tych samych tematów. Z biegiem czasu kumulują się napięcia i frustracje. Nawet gdy związek się kończy, napięcie nierzadko nadal pozostaje, nie znika nadwrażliwość obojga ekspartnerów. Jeśli w nowym związku nowa partnerka tak samo się zachowuje lub porusza drażliwą kwestię, u partnera pojawia się natychmiast napięcie z poprzedniego związku. Zaczyna się rozwijać cały film, który właściwie w ogóle nic nie ma wspólnego z nowym związkiem, z nową partnerką. Oczywiście nikt nie jest w stanie całkowicie uwolnić się od przeszłości. Jednak za pomocą niniejszego rytuału możesz sobie uświadomić, jakiego starego balastu i jakich problemów z wcześniejszych związków nie chcesz już przenosić do nowych związków.

Rytuał

Zrób listę wszystkich rzeczy, które ci przeszkadzały we wcześniejszych związkach. Może przy tym chodzić o określone cechy twojej ekspartnerki, która na przykład wszystko upiększała, lekceważyła cię lub poniewierała tobą. Mogą to być również określone tematy, które wywołują za każdym razem stres, lęk lub zażarty spór. Nie chodzi o pojedyncze przeżycia, lecz właśnie o powracające spory, dyskusje, kłótnie i napięcia.

Zastanów się przy każdym punkcie z listy nad symbolem problemu i narysuj go na osobnej kartce. Możesz do każdego z nich kupić kartkę z odpowiednią ilustracją. Dodatkowo napisz jedno czy dwa słowa kluczowe pod ilustracją streszczające istotę problemu.

Weź teraz ten plik kartek z symbolami do ręki i wyobraź sobie, że twoja była partnerka stoi przed tobą. Zobacz, że tematy, które doprowadzały do konfliktów w waszym związku, należą do was obojga, ale nie należą automatycznie do każdego następnego związku. Związek, w którym te sprawy odgrywały rolę, już się zakończył. Pozwól, żeby odeszły razem z tamtą partnerką. W tym celu możesz zapalić świeczkę i każdą kartkę, każdy symbol po kolei spalić. Inna możliwość: pogrzeb te kartki lub wrzuć do strumienia czy rzeki. Podejmij świadomą decyzję, żeby w nowym związku nie popadać automatycznie w stare wzorce.

Śladami Pana Opacznego

Wielu ludzi miało lub ma związki z partnerami, którzy właściwie nie byli lub nie są do dyspozycji. Być może twój eks był żonaty ze swoją pracą albo przywiązany zbytnio do starej partnerki lub swoich rodziców? Być może nie zdecydował się wcale na ciebie i stale wątpił, czy powinien pozostać w związku czy odejść. Proces ten być może ciągnął się latami...

Ćwiczenie

Podczas tego ćwiczenia wyobraź sobie osobę, dla której byłaś lub jesteś tylko na drugim miejscu. Być może przypomnisz sobie kogoś z przeszłości, ale równie dobrze możesz też wyobrazić sobie postać, która będzie kombinacją dawnych partnerów. Wyobraź sobie, że ta postać przechodzi przez pokój i widać na podłodze ślady jej stóp. Idź za nią, podążając dokładnie jej śladami. Zobacz w najdrobniejszych szczegółach, jak partner przemierza twoje mieszkanie, i podążaj za nim. Nie idź swoją własną drogą, lecz podążaj dokładnie śladami jego stóp. Chodź podczas tego ćwiczenia po całym mieszkaniu. Nie rób ani jednego własnego kroku, idź krok w krok za nim.
Pozwól, żeby się ujawniły wszystkie uczucia, które miałaś wtedy, gdy stałaś na drugim miejscu, w czasie gdy ktoś lub coś innego było stale ważniejsze od ciebie. Kontynuuj, idź dalej, podążaj za nim, nie wykonując ani jednego własnego kroku, nie podejmując własnych decyzji. Wyobrażaj sobie ślady stóp partnera na podłodze i podążaj za nim krok w krok. Rób to ćwiczenie przynajmniej przez kwadrans, aż do momentu, gdy będziesz miała tego naprawdę dosyć. Przypomnij sobie, jak w wielu momentach miałaś rzeczywiście dosyć stania na drugim miejscu, a mimo to grzecznie za nim dreptałaś.
Podejmij teraz świadomie decyzję, że nie będziesz już biegała za takim mężczyzną. Opuść ścieżkę, którą wyznacza partner. W wyobraźni możesz go zatrzymać i powiedzieć mu, że nie będziesz już uczestniczyć w tej grze, w której tylko on określa reguły. Pożegnaj się w każdym razie z tą osobą i idź dalej własną drogą. Zdecyduj, że jeżeli w przyszłości twój partner będzie cię zaniedbywał, to powiesz mu o tym wprost i w ten sposób nie wejdziesz w tę grę.

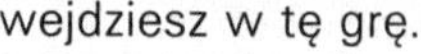

To ćwiczenie można wykonać także we dwoje, z przyjaciółką lub przyjacielem, który będzie odgrywał rolę Pana Opacznego. On lub ona musi w tym celu po prostu przez kwadrans chodzić po twoim mieszkaniu – jak mu się będzie rzewnie podobać. A ty musisz po prostu cały czas biegać za nim, aż do momentu, w którym zdecydujesz, żeby tego już nie robić i pójdziesz własną drogą.

Oczyść drogę

Ćwiczenie

Wyznacz symboliczną drogę za pomocą punktu początkowego i końcowego. Punktem wyjścia jest kartka papieru, na której napisz swoją datę urodzenia, punktem końcowym jest kartka papieru z datą dnia, w którym wykonujesz rytuał. Połóż obie kartki na podłodze w odległości czterech–pięciu metrów. Pomiędzy nimi przebiega droga z przeszłości do chwili obecnej. Stań na kartce z datą urodzenia i zbierz w myślach wszystkie elementy, które mają wpływ na to, że aktualnie jesteś bez partnerki. Przywitaj wszystkie okoliczności i czynniki, pozwól im zająć miejsce wzdłuż tej drogi. Powiedz potem na głos, że chcesz mieć partnerkę w swoim życiu i w tym celu przejdziesz od chwili narodzin do teraźniejszości, ażeby tam wreszcie ją spotkać.

Opuść następnie kartkę z datą urodzin i idź bardzo powoli i w skupieniu, krok po kroku, w kierunku drugiej kartki. Od czasu do czasu zamykaj oczy i skieruj uwagę na drogę. Wyobraź sobie, że oczyszczasz tę drogę i usuwasz lub neutralizujesz wszystkie czynniki, które przyczyniły się do tego, że do dziś nie masz partnerki. Wyobraź sobie na przykład, że przemierzasz drogę z miotaczem ognia i palisz wszystko, co ci się nie podoba lub zagradza drogę. Inna możliwość polega na tym, żeby nie robić tego tylko w fantazji, lecz wziąć do ręki prawdziwy odkurzacz lub miotłę i usunąć wyimaginowane pajęczyny, które utrudniają ci drogę. Możesz też wziąć skrzynkę z narzędziami i naprawić wszystkie ewentualne dziury w wyimaginowanym płocie, który ciągnie się wzdłuż drogi. Jeśli pojawi się obraz powodzi, to wyobraź sobie, że odpompowujesz nadmiar wody. Jeśli panuje susza, to możesz sprawić, żeby spadł deszcz, a pustynia wydała owoce.

Cokolwiek zobaczysz, co nie jest ci po drodze, po prostu usuń; oczyść, co brudne; wzmocnij, co słabe, i napraw, co uszkodzone. Od czasu do czasu otwórz oczy i upewnij się, że wciąż idziesz we właściwym kierunku. Przejdź tę drogę tyle razy, ile potrzebujesz, ażeby wszystko oczyścić i sprzątnąć.

Po kilkukrotnym oczyszczeniu przejdź do drugiego etapu tego ćwiczenia. Zaproś tym razem wszystkie siły, które mogą ci pomóc znaleźć partnerkę. Poproś te pozytywne siły, czynniki i okoliczności, żeby się osiedliły na drodze i wzdłuż niej. Przemierz tę drogę wiele razy i wyobraź sobie, jak za każdym razem dajesz odpowiednie miejsce nowym siłom. Razem z nimi umocnij tę drogę, oczyść ponownie tam, gdzie to konieczne, ale tym razem wspólnie z nimi, z ich pomocą. Uczyń tę drogę otwartą i piękną.

Zakończ rytuał, stając na kartce papieru z dzisiejszą datą i otwórz się na nową partnerkę. Zauważ, że droga za tobą wydaje się teraz zupełnie inna niż na początku ćwiczenia. Poczuj, że wszystko oczyściłeś i sprzątnąłeś i że nowe siły, które cię wspierają, zajęły odpowiednie miejsce na twojej drodze życia. Gdy będziesz gotowy, wyobraź sobie, jak tę naprawioną i oczyszczoną drogę bierzesz w siebie, integrujesz ją, jakby to była miara, która się zwija automatycznie i która będzie przechowywana w twoim wnętrzu. Pozdrów następnie nową partnerkę w swoim sercu i zrób krok w kierunku przyszłości.

Przodkowie, rodzina, dzieci

Jak już wielokrotnie wspominałem, istnieją różne czynniki, które odgrywają rolę, gdy ktoś szuka partnera, a nie osiąga przy tym pozytywnego rezultatu. Gdy od dawna szukasz partnera – i dotąd bez powodzenia – wtedy może się przydać zbadanie struktur rodzinnych oraz historii twoich przodków. Rodzina pochodzenia ma na nas duży wpływ. Oczywiście każdy człowiek może się swobodnie rozwijać, a nawet zdystansować się od norm i wartości rodzinnych. Mimo to wpływ rodziny tylko w pewnym stopniu może zostać przez to uchylony.

Terapeuci rodzinni z różnych szkół stwierdzają nieustannie, że często da się zauważyć uderzające i zdumiewające paralele pomiędzy życiorysami i losami różnych członków danej rodziny, nawet w perspektywie kilku pokoleń. Bert Hellinger z Niemiec oraz Anne Ancelin Schützenberger z Francji są przykładami znanych na arenie międzynarodowej terapeutów, którzy w ostatnich latach zyskali wielkie uznanie za pracę w tej dziedzinie.

Obok wpływu rodziny pochodzenia i przodków bardzo ważną rolę przy znajdowaniu nowego partnera odkrywają też inne czynniki rodzinne. Takim czynnikiem jest między innymi fakt, czy i ile masz dzieci.

Drzewo genealogiczne

Gdy od dłuższego czasu nie masz już partnera, może to być spowodowane tym, że twoja dzisiejsza sytuacja jest lustrzanym odbiciem losu jakiegoś członka rodziny z wcześniejszych pokoleń. Być może dotychczas nigdy nie miałaś trudności w znalezieniu przyjaciela, ale na przykład po trzydziestce jakoś to nie udaje. Gdy dokładniej przyjrzysz się rodzinie pochodzenia, być może stwierdzisz, że twoja sytuacja idealnie odzwierciedla sytuację innego członka rodziny. Być może odkryjesz, że twoja babka w wieku trzydziestu lat przez określone okoliczności utraciła partnera. Gdy jakaś osoba w rodzinie doświadczyła ciężkiego losu, w niektórych przypadkach taki los może być przejmowany przez innego członka rodziny z późniejszego pokolenia. Powody tego nie zawsze są jasne, a różne nurty terapeutyczne mają swoje własne wyjaśnienia tego zjawiska. Fakt pozostaje faktem, że to się zdarza niezależnie od takich czy innych powodów.

Bert Hellinger wychodzi z przekonania, że istotną rolę odgrywa tutaj pewna inteligencja, którą on nazywa „duszą rodziny". Gdy w obrębie rodziny nie widzi się i uznaje losu każdej jednostki, ponieważ czyjś los był na przykład zbyt bolesny lub wiązał się z poczuciem wstydu, wtedy ktoś taki często zostaje wykluczony z rodziny. Dusza rodziny jednak źle znosi takie rozdzielenie i sprawia, że los wykluczonej osoby zostaje na nowo przypomniany w życiu innego członka rodziny. Wówczas ktoś z późniejszego pokolenia doświadcza takiego samego lub podobnego losu. Nie chodzi przy tym o świadomą decyzję danej osoby, ażeby przyjąć taki los. Przeciwnie, ten zdumiewający rodzaj lojalności leży całkowicie poza świadomością zainteresowanego. Właśnie dlatego, że w tak zwanym uwikłaniu chodzi o nieświadome strategie, nie istnieje na świadomej płaszczyźnie żaden wgląd w te procesy.

Na potrzeby tego ćwiczenia przyjrzyj się dokładnie losom swojej rodziny. Być może odkryjesz wzorce, które dotychczas nie przyszły ci do głowy, a które wyjaśniają, dlaczego dotychczas nie miałaś powodzenia w poszukiwaniu partnera.

Ćwiczenie

Narysuj drzewo genealogiczne najbliższej rodziny. Prześledź je, na ile potrafisz. Dopisz wszystkie informacje dotyczące małżeństw, rozwodów, innych związków. Umieść swoich rodziców, dziadków i, jeśli to możliwe, pradziadków oraz innych przodków. Oprócz informacji o bezpośrednich przodkach zapisz również wszystko, co wiesz o strukturach związków ciotek i wujków oraz o rodzeństwie dziadków. Czy wszyscy oni mieli partnerów? W jakim wieku znaleźli swoich narzeczonych i małżonków. Czy byli żonaci/były zamężne raz czy też wielokrotnie? W jakim wieku i w jaki sposób stracili swoich partnerów? Przez chorobę, wypadek czy rozwód? Czy byli w rodzinie przodkowie, którzy musieli zawierać związki małżeńskie wbrew swojej woli? A może niektórzy z nich to homoseksualiści lub lesbijki?
Gdy zbierzesz wszystkie informacje i zapiszesz je, możesz zobaczyć, czy występują zbieżności lub podobieństwa między twoim życiem a życiem jednego lub kilku członków rodziny. Kobiety znajdują najczęściej ważne wskazówki wśród innych kobiet z drzewa genealogicznego, mężczyźni mogą odkryć określone wzorce u mężczyzn z wcześniejszych pokoleń.

Czasami pewne sytuacje wydają się podobne, ale może to być równie dobrze czysty przypadek. Nie wszystko, co się zgadza na pierwszy rzut oka, musi faktycznie mieć jakieś znaczenie. Jednakże za pomocą drzewa genealogicznego można rozpoznać określone wzorce, które są przenoszone między pokoleniami. Gdy stanie się jasne, że twoja sytuacja jest odzwierciedleniem losu jednej lub wielu osób z wcześniejszych pokoleń twojej rodziny, wtedy dwa kolejne ćwiczenia mogą być dla ciebie przydatne. Nie ma przy tym znaczenia, czy dany członek rodziny jeszcze żyje, czy nie.

Żyj własnym życiem

Ćwiczenie

Poszukaj zdjęcia siebie samego jako niemowlęcia lub małego dziecka i naklej na kartkę papieru. Podpisz zdjęcie. Zrób to samo ze zdjęciem członka rodziny, którego los najwyraźniej dzielisz, ale weź jego/jej zdjęcie jako osoby dorosłej. Jeśli nie masz zdjęcia swojego przodka lub zdjęcia siebie jako dziecka, sporządź rysunek lub wybierz jakiś symbol.

Następnie połóż obie kartki na podłodze w odległości około dwóch metrów. Stań na miejscu członka swojej rodziny i popatrz na własną podobiznę. Stojąc na miejscu drugiej osoby, wczuj się w jej rolę. Daj sobie chwilę, żeby się dobrze ugruntować na tym miejscu. Wszedłszy w rolę swojego przodka, powiedz do swego własnego zdjęcia mniej więcej takie słowa, improwizując przy tym: „To, co mi się przydarzyło, nie jest twoim losem, jest moim własnym losem. Żyj tylko swoim życiem. Ja jestem dość silny, żeby udźwignąć to, co mnie spotkało. Od tej chwili jesteś wolny, żeby żyć własnym życiem. Nie musisz niczego robić w taki sam sposób, jak ja". Trzymaj się przy tym prostych słów i mów z miłością do dziecka na fotografii. Prawdopodobnie stojąc na tym miejscu, na którym się znajdujesz, wcale nie będziesz chciał, żeby dziecko na fotografii dzieliło los przodka. Życz mu z całego serca, żeby było szczęśliwe. Będąc ciągle w roli przodka obdarz siebie – dziecko – błogosławieństwem dorastania w wolności i szczęśliwego własnego życia.

Opuść teraz miejsce przodka i zrób krótką przerwę, żeby całkiem wyjść z roli. Stań następnie na miejscu, gdzie leży twoje zdjęcie. Zwróć się do swego przodka, patrząc w kierunku, gdzie leży zdjęcie lub symbol z jego imieniem: „Przyjmuję wolność, którą mi dajesz. Będę szedł moją drogą. Nigdy cię nie zapomnę, jesteś i pozostaniesz częścią mojej rodziny. Jednak będę podążał własną drogą". Daj sobie czas, żeby znaleźć odpowiednie słowa. Mów krótkimi, prostymi zdaniami. Zakończ to ćwiczenie, z szacunkiem odkładając zdjęcia lub symbole.

To ćwiczenie możesz przeprowadzić także ze swoim przyjacielem lub przyjaciółką, którzy przejmą rolę przodka. Przebieg oraz wypowiadane zdania pozostają przy tym bez zmian.

Po swojemu

Jeśli masz jasność, z którym przodkiem dzielisz określony wzorzec, być może da się odkryć coś jeszcze, co was poza tym łączy. Na przykład określony styl ubierania się, ulubiona potrawa lub określone zachowanie. Prawdopodobnie łatwiej to zrobić, jeśli chodzi o dziadka/babkę lub ojca/matkę. Być może mieliście zwyczaj noszenia stroju w ulubionym kolorze, podobnej fryzury lub brody albo zjadania po każdym posiłku cukierka. Być może istnieje jakieś inne, jeszcze bardziej bezpośrednie połączenie między wami. Być może nosisz po kimś pierścionek lub inne precjoza albo odziedziczyłeś jakiś przedmiot lub masz go w użytkowaniu.

Rytuał

Jeśli uda ci się coś odkryć, wtedy rozstań się z tym w sposób symboliczny, świadomie i z szacunkiem. Noś na przykład przez pewien czas inny kolor, zgol brodę lub zmień jej kształt, a po jedzeniu weź do kawy ciasteczko zamiast cukierka. Kup sobie nowy pierścionek lub nowy otwieracz do listów. Wybierz tylko jedno działanie lub jeden przedmiot, który chcesz zmienić. Zdecyduj się na coś małego i praktycznego, na coś zupełnie codziennego i powszedniego.

Jeśli nie znajdziesz żadnych wspólnych preferencji, przedmiotów lub wspólnych zachowań, które dzielisz z daną osobą, wtedy zmień dowolnie wybraną codzienną czynność lub stały zwyczaj. Ta zmiana potwierdzi twoją świadomą decyzję, aby żyć swoim własnym życiem, a nie działać nieświadomie za kogoś innego.

Jeśli poczujesz impuls, żeby znów przyjąć swój dawny wzorzec, pomyśl raz jeszcze, jak bardzo twoja sytuacja zbieżna jest z historią członka rodziny. Daj sobie raz jeszcze czas, żeby

otwierdzić rozdzielenie obu waszych losów. Powiedz wówczas do siebie: „Chcę to zrobić inaczej, chcę żyć swoim życiem. Wystarczy mi mój własny los, nie muszę brać na siebie losu mojej babki/dziadka". Możesz sobie wyobrazić swoich przodków, jak stoją przed tobą, i bezpośrednio się do nich zwrócić. Wyobraź sobie, że dają ci zgodę, żebyś robiła wszystko po swojemu, żebyś żyła własnym życiem oraz że stajesz się odtąd wolna, aby znaleźć partnera.
Następnie pozostaw swoich przodków, z szacunkiem dla ich losów, które dźwigali. Twoi przodkowie nic z tego nie mają, że powtarzasz ich los, więc zajmij się znów swoim życiem.

Synalek mamusi i córeczka tatusia

Niemal wszyscy rodzice niczego sobie bardziej nie życzą niż tego, żeby ich dzieci były szczęśliwe i miały możliwie największe szanse na sukces. Dlatego wszyscy nowi partnerzy zawsze są oceniani bardzo krytycznie. Ale jeśli jeden z rodziców za każdym razem pozostaje nastawiony krytycznie i negatywnie, niezależnie od tego, z jakiego rodzaju przyjaciółką się u nich pojawiasz, wtedy są dwie możliwości. Pierwszą możliwością jest to, że oni po prostu mają rację i nowa partnerka rzeczywiście nie jest właściwa. Ale jeśli odrzucają naprawdę wszystkie twoje przyjaciółki, wszystkie partnerki, wtedy zachodzi raczej podejrzenie, że ojciec lub matka chcą cię zachować dla siebie. Zdarza się to częściej, niż myślimy, że ktoś w pewnym sensie jest żonaty z matką lub zamężny z ojcem.

Jeśli ty sam znajdujesz się w takiej sytuacji, wtedy nieświadomie, ale wyraźnie wysyłasz do wszystkich potencjalnych partnerek wiadomość, że jesteś już zajęty. To z kolei powoduje, że prawdopodobnie pozostajesz bez partnerki lub co najwyżej przyciągasz takie, które nie chcą się naprawdę związać lub nie szukają partnera na poważnie. Jeśli ojciec lub matka zajmują w twoim życiu za dużo miejsca, wtedy pora działać i symbolicznie się uwolnić.

Za pomocą niniejszego rytuału możesz wyrazić rozluźnienie więzi ze swoimi rodzicami.

Rytuał

Poszukaj sobie ładnego zdjęcia rodzica, o którego tutaj chodzi. Umieść to zdjęcie w ramce i przywiąż do niej sznurek lub grubą nitkę. Drugim końcem przewiąż się w pasie.
Zwróć się następnie do fotografii. Powiedz tej osobie, że chcesz wziąć swoje życie w swoje własne ręce, że sam możesz decydować, co jest dla ciebie dobre, niezależnie od tego, czy twoi rodzice tak to widzą, czy nie. Powiedz rodzicowi na zdjęciu, że nie po to istniejesz, żeby go ratować z jego samotności lub naprawić to, co się w jego życiu nie udało. Nie jesteś na przykład osobą, która ma rozwiązywać trudności w związku rodziców.
Wyjaśnij osobie na fotografii, że chcesz się uwolnić, wyzwolić, żeby prowadzić swoje własne życie. Nie trzeba, a nawet nie należy, wypowiadać tych słów w gniewie lub złości. Przeciwnie, prosto i neutralnie wyraź swoją wolę. Tak jak jest. I mów z szacunkiem.
Podczas tego rytuału dobrze jest na koniec podziękować swojej matce/ojcu za wszystko, co dla ciebie zrobili, za wszystko, co w waszej relacji było dobre. Podziękuj za wielką troskę i wsparcie. Ale powiedz też, że od teraz, mimo wszystkich dobrych rzeczy, chcesz stać na własnych nogach.
Przetnij następnie sznurek. Zostaw ewentualnie jeszcze przez kilka dni część sznurka, która jest przymocowana do fotografii. W ten sposób możesz za każdym razem, gdy będziesz przechodził obok fotografii, przypominać sobie, że zrobiłeś ten krok, żeby uwolnić się od więzi z rodzicem, ażeby znaleźć sobie partnerkę.

Ja chcę seksu

W niektórych przypadkach sytuacja jest taka, że rodzicom właściwie bardzo trudno jest zobaczyć, że ich córka/syn nie jest już dzieckiem, lecz osobą dorosłą. Innymi słowy, że ich dziecko jest dojrzałą istotą seksualną. Jeśli znasz tę sytuację ze swojego życia, wtedy następujący rytuał może być dla ciebie bardzo wyraźnym krokiem do przodu.

Rytuał

Powtórz poprzedni rytuał, ale dodatkowo powiedz jeszcze do fotografii rodzica coś w rodzaju: „Kochany tato/kochana mamo, nie jestem już dzieckiem. Jestem dorosła/dorosły. Chcę seksu. Pragnę człowieka, z którym mogę spać i kochać się. Pozostanę twoim dzieckiem, ale jestem odrębną, seksualną istotą. Pragnę seksu i dlatego chcę się związać z osobą, która może mi to dać". Wypowiedz te słowa bez obwiniania i dramatyzowania. Powiedz to prosto, z poszanowaniem, nabierając dystansu i zajmij się swoim własnym życiem... seksualnym.

Serce rodzica i serce partnera

Twoje serce ma różne oblicza i składa się różnych części. Każda część twojego serca ma inne preferencje i zobowiązania. W większości przypadków nie ma z tym problemu. Ale może tak się

zdarzyć, że te najróżniejsze części znajdują się we wzajemnym konflikcie. Jeśli na przykład masz dzieci i szukasz nowego partnera, wtedy może w twoim sercu czasami dochodzić do napięć lub konfliktów w kwestii, kto ma pierwszeństwo. W takich przypadkach warto jest przeprowadzić wyraźny podział między różnymi częściami, przede wszystkim między sercem rodzica a sercem partnera. To bardzo pomaga tobie, twoim dzieciom i twojej nowej partnerce.

Rytuał

Kup duży arkusz czerwonego papieru i wytnij cztery serca. Na dwóch sercach napisz „*Serce Rodzica*", na obu pozostałych „*Serce Partnera*". Zaproś teraz w myślach swoją ekspartnerkę i wasze dzieci do pokoju, w którym odprawiasz ten rytuał. Możesz dać im specjalne miejsca, pisząc na kartkach ich imiona i układając na podłodze. Przydziel takie miejsca, żeby powstał trójkąt: miejsce dla ciebie, miejsce dla twojej byłej partnerki i miejsce dla dziecka/dzieci. Określ poza tym trójkątem dodatkowo miejsca dla nowej partnerki życiowej oraz dla nowego partnera twojej ekspartnerki.

Teraz rozpocznij pracę z sercami. Wyjaśnienie wydaje się na początku nieco skomplikowane, ale gdy rozpoczniesz rytuał, zauważysz, że nie jest wcale taki trudny.

Połóż na początek jedno *Serce Rodzica* i jedno *Serce Partnera* na miejscu twojej byłej partnerki. Sam również trzymaj w rękach jedno *Serce Rodzica* i jedno *Serca Partnera*. Podejdź do miejsca zajmowanego przez ekspartnerkę. Wypowiedz kilka zdań w rodzaju: „Dałem ci wtedy moje serce w nadziei, że stworzymy dobry związek. Niestety, nie udało się. Zabieram moje *Serce Partnera*, i dziękuję ci za to, że przez ten czas mogło być przy tobie". Wróć na swoje miejsce i połóż tam swoje *Serce Partnera*.

Podejdź do dzieci i daj im swoje *Serce Rodzica*. Powiedz, że kochasz je jako ojciec i że ta miłość nie jest zagrożona, nawet teraz gdy nie jesteś już razem z dotychczasową partnerką. Twoje *Serce Rodzica* jest dla nich zarezerwowane i przy nich pozostanie. Połóż zatem swoje *Serce Rodzica* na miejscu przeznaczonym dla dzieci.

Podejdź raz jeszcze do miejsca ekspartnerki i wejdź tym razem w jej rolę. Wykonaj te same czynności, teraz jednak z jej perspektywy. Podejdź do miejsca jej byłego partnera (a więc do twojego) i zabierz swoje *Serce Partnera*. Następnie zanieś *Serce Rodzica* w roli swej ekspartnerki waszemu dziecku/ /waszym dzieciom.
Wróć następnie na swoje miejsce. Zauważ, że na miejscu waszych dzieci leżą dwa serca rodzica. Jest ważne, żeby pozwolić dzieciom kochać nie tylko jednego, lecz oboje rodziców. A więc także twoją ekspartnerkę. Nawet jeśli między wami się nie udało, to pozostajecie oboje rodzicami dla waszego dziecka/waszych dzieci. I to się nigdy nie zmieni.
Jeśli ktoś, kto ma dzieci, znajdzie nowego partnera, powstają czasami problemy. Jedną z przyczyn tych problemów może być to, że ojciec/matka żąda od dziecka, żeby zaakceptowało nową partnerkę/nowego partnera jako nowego rodzica. A to nie jest możliwe. Nie ma nowej matki/nowego ojca dla dziecka, co najwyżej nowa partnerka ojca/nowy partner matki. Jeśli pozwolisz dziecku nadal kochać twojego ekspartnera, wtedy ono dużo łatwiej znajdzie stosowne miejsce dla twojego nowego partnera.
Wróćmy do rytuału. Teraz możesz zrobić ostatni krok: zanieś i złóż swoje *Serce Partnera* na miejscu nowej partnerki. Powiedz coś w rodzaju: „Moje *Serce Partnera* jest wolne, możesz je mieć. Pewnie jest tu i tam trochę poobijane przez moje doświadczenia z przeszłości, ale jest teraz dostępne. Mam też *Serce Rodzica*, ale ono pozostanie przy moich dzieciach. Natomiast moje *Serce Partnera* jest dla ciebie. Zapraszam cię. Przyjdź do mojego życia i weź to serce".
Można to ćwiczenie pięknie dokończyć, jeśli w podobny sposób wykonasz wszystko w roli swej ekspartnerki i położysz jej *Serce Partnera* na miejscu nowego partnera.

Czego właściwie chcesz?

Szukając nowej partnerki, prawdopodobnie zastanawiałeś się nad tym, jak ona ma wyglądać, jakie rzeczy chętnie robiłbyś razem z nią i jak to byłoby przyjemnie być z kimś w intymnej bliskości. Fantazje na temat przyszłej partnerki mają jednak swoje zalety i wady. Z jednej strony mogą cię inspirować i naprowadzać na nowe pomysły. W twojej wyobraźni wszystko jest możliwe, w myślach możesz chadzać zupełnie nowymi ścieżkami. Gdy na przykład wyobrazisz sobie, jak fantastycznie byłoby poślubić atrakcyjną historyczkę, wtedy może ci to dodać odwagi, żeby rozpocząć kurs historii najnowszej. I tam możesz szeroko otworzyć oczy, wypatrując ewentualnej partnerki. Dzięki swojej fantazji trafiasz na bardzo konkretny tor.

Z drugiej strony życzenia i fantazje mogą cię też ograniczać. Jeśli całkowicie zafiksujesz się w określonym wyobrażeniu lub bardzo specyficznych kryteriach, które ktoś musi spełnić, żeby w ogóle mieć u ciebie szanse, wtedy fantazjowanie staje się pułapką. Nie jesteś już wówczas otwarty na rzeczy, które dzieją się wokół ciebie. Pozostając przy powyższym przykładzie, nie jesteś w stanie zauważyć na przykład atrakcyjnej kobiety, która pracuje w recepcji firmy organizującej wspomniany kurs, a która rzuca ci tęskne spojrzenia i stale próbuje zwrócić twoją uwagę.

Fantazje na temat nowego partnera mogą cię zatem poprowadzić w nowym kierunku, jak też zaprowadzić na manowce lub kompletnie odwrócić uwagę. Możliwe są obie ewentualności. Dlatego w tym rozdziale zebrałem ćwiczenia, które wzmacniają i ukonkretniają twoją wyobraźnię oraz takie, które zachęcają do porzucenia fantazmatów.

Niczego nie chcę

Bywają osoby, które z jednej strony co prawda poszukują nowego partnera, ale z drugiej przede wszystkim chcą być przez pewien czas same. Jednocześnie nie mają właściwie odwagi, żeby po prostu cieszyć się byciem samemu i stać na własnych nogach. Ktoś ciągle zerka jednym okiem, czy aby nie pojawił się właściwy partner. Próby znalezienia partnera są wówczas podejmowane tylko na pół gwizdka i nie kończą się sukcesem.

Jeśli znajdujesz się w takiej sytuacji, że trochę szukasz partnera, ale właściwie wolałabyś przez chwilę być sama i cieszyć się zaletami życia jako singel, wtedy możesz – z pomocą niniejszego eksperymentu – pozwolić sobie po prostu na jakiś czas całkowicie zapomnieć o temacie „życiowy partner".

Medytacja

Pozwól sobie na czas, w którym nastawisz się całkowicie na bycie samą, zamiast na życzenie, żeby znaleźć partnera. Przeznacz na to trochę czasu – tydzień, miesiąc, a może cały rok. Zapomnij o wszelkich pragnieniach i wyobrażeniach na temat znalezienia partnera.

Gdy będziesz na przykład sama leżeć w łóżku, nie myśl: „Jakie to straszne, że jestem sama. Mam nadzieję, że nie potrwa to długo". Zamiast tego pomyśl raczej: „Ach, jak cudownie, że nie ma nikogo w pobliżu, z kim musiałabym się liczyć. To jest dokładnie to, czego mi teraz trzeba".

Podejmij świadome postanowienie, żeby nie inwestować czasu w pragnienie zdobycia partnera, lecz skieruj całą uwagę na siebie samą. Być może zauważysz, że będąc sama, właściwie czujesz się bardzo dobrze. Może odkryjesz, że jeszcze wcale nie jesteś gotowa wchodzić w nowy związek, że goniłabyś raczej za obrazem ułudy, gdybyś teraz rozpoczęła poszukiwania.

Gdy minie ustalony czas, możesz – jeśli zechcesz – zdecydować się na to, żeby ten eksperyment jeszcze trochę przedłużyć. A jeśli z biegiem czasu odczujesz szczególnie dużą ochotę, żeby aktywnie rozpocząć poszukiwania, to przez ten eksperyment niczego nie stracisz. Przeciwnie, dzięki niemu twoja motywacja znalezienia partnera wzrośnie. I wtedy będziesz naprawdę gotowa, aby wejść w nowy związek.

Złóż do grobu królewnę z bajki

Gdy od dawna i bardzo często rozmyślasz i fantazjujesz nad cechami ewentualnej nowej partnerki, to od pewnego momentu żadna żyjąca istota już nie może spełnić twoich oczekiwań. W telewizji, filmach i kolorowych czasopismach widzimy całe mnóstwo fantastycznych kobiet ogorzałych od słońca, w seksownych kąpielówkach, które podkreślają ich doskonałe, szczupłe figury. Z promiennym uśmiechem, tryskające witalnością i szczęściem głaszczą swoich równie fantastycznych partnerów po ich doskonale wystylizowanych włosach... Takie wyidealizowane obrazy mogą przez ciągłe powtarzanie mieć znaczny wpływ na nasze nieświadome fantazje i życzenia. Jednak trzeźwe spojrzenie wokół wystarczy, żeby się przekonać, że rzeczywistość wygląda trochę inaczej.

Pożegnaj się więc teraz świadomie z fantazjami na temat półbogiń i półbogów, którzy przy dźwiękach gorącego tanga uśmiechają się idealnie prostymi, perłowo białymi zębami i iskrzącymi oczami. Zdecyduj się na ten krok i złóż do grobu wymarzoną księżniczkę z bajki.

Rytuał

Kup i użyj do tego rytuału lalkę Barbie – dobry przykład złudzenia, które ma niewiele wspólnego z rzeczywistością życia codziennego. Barbie jest obecnie dostępna zarówno w żeńskim, jak i męskim wydaniu; kup sobie tę płeć, która odpowiada twoim preferencjom. Ubierz lalkę w sposób, który oddaje twoje fantazje o idealnej partnerce. Odziej ją symbolami i atrybutami, które przedstawiają twoje nieosiągalne marzenia. Stwórz swój wymarzony obraz, im bardziej perfekcyjny i wyrazisty, tym lepiej.

Następnie zrób albo kup skrzynkę, w której będziesz mógł w stosowny sposób pochować kobietę swoich snów. Poszukaj odpowiedniego miejsca w ogrodzie, parku lub na plaży, gdzie nikt nie będzie ci przeszkadzał, i pogrzeb tam tę lalę. Pogrzeb może być bardzo spektakularny, z rozbudowaną ceremonią lub krótki i prosty. Możesz zaprosić przyjaciół i przyjaciółki, którzy być może chcą również wykonać taki sam rytuał albo zrobią to dla ciebie w milczeniu. Pożegnaj się w ten sposób z wytworem swoich imaginacji i podejmij postanowienie, żeby w przyszłości zwracać baczniejszą uwagę na „normalnych" ludzi ze wszystkimi aspektami, które należą do bycia człowiekiem, zarówno dobrymi, jak i trochę gorszymi. Właśnie w ten sposób masz największe szanse, żeby twoje fantazje i życzenia naprawdę się ziściły!

Idealny terminarz

Wyobraź sobie, że masz teraz partnera. Jak wówczas wyglądałby twój plan dnia? Opisz swoje fantazje w najdrobniejszych szczegółach, żeby wytworzyć sobie konkretny obraz optymalnego związku.

Ćwiczenie

W tym celu potrzebujesz pustego terminarza, który dostaniesz w każdym sklepie papierniczym. Zanim rozpoczniesz wpisywanie do kalendarza, daj sobie najpierw trochę czasu, żeby dobrze przemyśleć, czego właściwie oczekujesz od tego związku. W tym celu weź kartki papieru i narysuj tabelę, a w niej kilka szpalt z następującymi nagłówkami: co trzy miesiące, co dwa miesiące, co sześć tygodni, co miesiąc, co trzy tygodnie, co dwa tygodnie, co tydzień, dwa–trzy razy w tygodniu, codziennie...
Następnie wypełnij te szpalty. Zastanów się, jak często chcesz jeździć z partnerem na urlop, jak często chodzić do sauny, jak często chodzić na spacer po lesie? Ile chcesz seksu, jak często chcesz wychodzić do restauracji czy wieczorem wspólnie odprężyć się przed telewizorem? Puść wodzę fantazji! Za każdym razem, gdy coś przyjdzie ci do głowy, możesz to wpisać do odpowiedniej rubryki.
Po wymyśleniu dostatecznej ilości możliwości, zacznij wypełniać kalendarz. Ogranicz to ćwiczenie na razie do pierwszych trzech miesięcy. Co twoja tabela mówi w kategorii „co trzy miesiące"? Krótki urlop za granicą. Zapisz to zatem w kalendarzu. Co chcesz robić raz na dwa miesiące? Długi weekend

w pensjonacie. A poza tym chcesz być zaskoczona przez partnera jakąś przygodą, która potrwa przynajmniej jeden dzień. Także to zapisz w kalendarzu. Co chcesz przedsięwziąć raz na sześć tygodni? Pójść do teatru i dwa razy do kina. Zapisz to więc dwukrotnie w okresie trzech miesięcy.

Wszystkie punkty, które uprzednio zgromadziłaś w tabelach, rozpisz na pierwsze trzy miesiące w swoim terminarzu, dokładnie tak, jak sobie to wyobraziłaś. Dopiero gdy to zrobisz, przyjdzie czas, żeby sprawdzić, czy rzeczywiście wszystkie plany są możliwe i na ile przyszłość jest opisana w sposób realistyczny, a nie jest jedynie czczą mrzonką. Porównaj swój wymyślony kalendarz z twoim rzeczywistym, codziennym życiem. Jak często właściwie chodzisz do kina lub jak często spacerujesz w lesie? Gdy zauważysz, że rzeczywistość wcale nie zgadza się z życzeniami, to możesz ten kalendarz jeszcze trochę dopasować. Może się okazać, że będziesz musiała „pójście do kina" i „spacer w lesie" połączyć w jedną nową kategorię. Oczywiście kalendarz życzeń może wyglądać lepiej i piękniej niż twoje życie codzienne, ale nie przesadzaj z tym zbytnio.

Nie zapomnij też o normalnych rzeczach, jak wizyta u dentysty lub czas wolny dla siebie, w którym nie masz żadnych zobowiązań. A co z pracą, społecznymi kontaktami, z przyjaciółmi, twoją rodziną, urodzinami? Czy na to też jest dość czasu? Zauważysz na pewno, że bardzo pięknie jest snuć plany, ale w rzeczywistości wcale nie tak łatwo żyć swoimi marzeniami. Dlatego pora ustalić priorytety i nie stracić przy tym z oczu realiów. Co chcesz przeżyć razem ze swoim nowym partnerem, co z innymi przyjaciółmi, a co chcesz przedsięwziąć sama?

Gdy raz jeszcze zastanowisz się nad swoimi fantazjami i dopasujesz tabelę – tam gdzie to konieczne – umieszczając różne aktywności w innych rubrykach, wtedy możesz na nowo wypełnić swój terminarz na trzy miesiące lub inny okres. Czy udało ci się zachować równowagę między inspirującymi czynnościami, nowymi projektami a codzienną rzeczywistością? Możesz, ewentualnie, raz jeszcze nieco dopasować i zmienić kalendarium.

Jeśli będziesz zadowolona, to wtedy pora na ostatni krok w tym ćwiczeniu. Kup lub zrób sobie wielki kalendarz ścienny, roczny przegląd, który możesz powiesić na ścianie. Wypełnij pierwsze trzy miesiące lub pół roku. W ten sposób uzyskasz inspirujący obraz tego, jak chcesz i możesz spędzić czas z nowym partnerem. Ozdób kalendarz ścienny małymi obrazkami i odpowiednimi rysunkami. Gdy chcesz na przykład pójść do kina, wówczas przyklej tam dwa bilety wstępu. Terminarz jest co prawda już przygotowany do tego, żeby zostać urzeczywistniony, ale za pomocą obrazków i nalepek możesz go jeszcze bardziej ożywić i nadać mu bardziej inspirujący kształt. Powieś ów roczny przegląd na miejscu, na którym możesz go regularnie widywać. Za każdym razem gdy będziesz widziała ten plan, wyobraź sobie, że jest to twój prawdziwy terminarz, który chciałabyś dzielić ze swoim prawdziwym, nowym partnerem.

Collage

Do następnego ćwiczenia potrzebne ci będą: sterta starych czasopism, nożyce, klej i duży arkusz grubego, mocnego papieru lub kartonu.

Ćwiczenie

Przerzuć czasopisma i wytnij zdjęcia lub teksty wyrażające różne sytuacje, których chciałbyś doświadczyć w nowym związku lub do których tęsknisz. Na przykład ilustracje nagiej skóry mogą symbolizować dotykanie, głaskanie i seks, zdjęcie z ładnym zachodem słońca romantyczne momenty a dzbanek herbaty codzienne bycie razem. Myśl jednak nie tylko o romantycznych i harmonijnych momentach związku. Wytnij na przykład konferencyjny stół, który będzie symbolizował dyskusje i rozmowy z twoją partnerką. One są konieczne, żeby dokonywać uzgodnień na płaszczyźnie praktycznej i żeby móc się pojednać. Burzowe chmury mogą symbolizować spory, które też są częścią związku, a butelka szampana to odświętny nastrój po załagodzeniu sporu.
Poszukaj zdjęć i ilustracji, które uważasz za piękne i odpowiednie, symbolizujące różne aspekty dobrego, zrównoważonego związku. Nie używaj obrazków z wyraźnie rozpoznawalnymi twarzami, lecz pozostań raczej na płaszczyźnie abstrakcyjnej. Dzięki temu collage uzyska symboliczną i mimo wszystko bardzo konkretną formę.
Po wycięciu dostatecznej ilości ilustracji, narysuj na papierze duże koło i uporządkuj w nim zebrane obrazki. Naklej następnie wszystko i powieś swoje dzieło na widocznym miejscu. Zadbaj o to, żeby twój collage był piękny i pociągający, żeby za każdym razem, gdy nań skierujesz wzrok, pobudzał wyobraźnię. Pozwól, by ten collage działał na ciebie. Zawsze gdy nań spojrzysz, pozdrów w myślach nową partnerkę.

Pomost między fantazją a rzeczywistością

Do tego zadania możesz użyć collage'u z poprzedniego ćwiczenia, w którym wyraziłaś swoje fantazje na temat związku.

Ćwiczenie

Weź teraz nitkę lub cienki sznurek kilkumetrowej długości. W środku collage'u zrób dziurkę, przewlecz koniec nitki i zamocuj na jego tylnej stronie.
Postaw krzesło metr lub dwa od collage'u i weź do ręki luźny koniec nitki. Powoli napnij nitkę. Dzięki temu powstanie prosta linia między tobą a obrazem twoich fantazji. Nić symbolizuje drogę do przyszłości. Usiądź, zamknij oczy i wyobraź sobie, że robisz się całkiem mała. Tak mała, że możesz po tym sznureczku iść w kierunku przyszłości. Idź w swojej wyobraźni po tej nitce i wejdź do świata collage'u. Puść wodzę fantazji na temat rzeczy, które tam symbolicznie przedstawiłaś. Odmaluj sobie we wszystkich barwach, że naprawdę masz nowego partnera i przeżywasz wszystkie te emocjonujące i piękne rzeczy, które tam widać. Wyobraź też sobie, jak się kłócicie, a następnie godzicie się i wszystko znów staje się harmonijne. W jednej chwili cieszysz się jego bliskością, a w następnej złościsz na niego. Przeżywaj w ten sposób zwyczajność partnerstwa. Po pewnym czasie zakończ ćwiczenie i wyobraź sobie, że wracasz po nitce z powrotem do siebie na krzesło. Wejdź znów w swoją skórę, swoje ciało, które siedzi na krześle.
Otwórz oczy i popatrz na sznurek i ilustracje. Zachowaj obraz nici, która przedstawia drogę od teraźniejszości ku przeszłości, drogę, która wiąże *Tu i Teraz* z *Tam i Wkrótce*. Jeśli chcesz, możesz poprosić jeszcze swoich duchowych pomocników lub przychylne moce, którym ufasz, żeby chroniły tę drogę, żeby pomogły ci znaleźć drogę prowadzącą do przyszłości i kroczyć nią.

Poluj na kijanki, nie na żaby

Ludzie, którzy rozmyślają na temat nowego związku, nieświadomie wyobrażają sobie przede wszystkim związek bardzo dojrzały i już znacznie zaawansowany. W swojej fantazji czują się już w pełni zaznajomieni z nowym partnerem, a nowy partner zna też dokładnie ich „szczegółowe wskazówki dla użytkownika". Dzięki temu wszystko ma się toczyć znakomicie i nie ma żadnych konfliktów ani dyskusji. W rzeczywistości potrzeba lat, żeby związek rzeczywiście przenieść na płaszczyznę, na której wszystko jest oczywiste i rozumie się samo przez się. Dopóki jest się zakochanym, wszystko wydaje się proste i super, ale wynika to z tego, że w tym okresie widzimy partnera w złotej aureoli. Z biegiem czasu

ten blask się zatraca i coraz wyraźniej widać, że trzeba mocno pracować nad związkiem. Byłoby oczywiście pięknie, gdyby z dnia na dzień – pstryk – natychmiast znaleźć się w harmonijnym i zrównoważonym związku.

W naszej fantazji pragniemy mieć od początku związek w wersji doskonałej. To jest też powód, dla którego zapominamy o latach intensywnej pracy, które są konieczne, żeby powstała więź oparta na zaufaniu. Nawet faza zakochania wygląda w naszej wyobraźni bardziej różowo niż w rzeczywistości. Rzecz jasna początek związku jest fantastycznym i inspirującym okresem w życiu człowieka, zapominamy wtedy szybko o całej niepewności, wątpliwościach, rozterkach i nieprzyjemnych niespodziankach.

Dlatego przestań na pewien czas fantazjować i skieruj uwagę na tu i teraz, na to, co jest realne w życiu codziennym. W tej chwili nie pozostajesz w żadnym związku, ale masz możliwość rozpoczęcia go. Twoją sytuację można zilustrować porównaniem kijanki z żabą. Żaba symbolizuje harmonijny i dojrzały związek, kijanka zaś okres początkowy. Żaba to związek, kijanka to pierwsze spotkanie. Są tysiące kijanek, ale tylko nieliczne stają się rzeczywiście żabami. Gdy przeniesiesz to porównanie w codzienne życie, rozpoznasz ten sam proces: wciąż spotykasz wielu jeszcze nieznanych ludzi i tylko w bardzo rzadkich przypadkach jedno z tych spotkań zamienia się w długoletni związek.

Czym są w twoim przypadku kijanki? Co to za niezliczone momenty początkowe, które potencjalnie mogłyby urosnąć do czegoś większego? Rozmowa przy kasie w supermarkecie, pogawędka z bibliotekarką o jakimś autorze, kontakty podczas party z ludźmi, których jeszcze nie znasz; przyjaciółka, która organizuje grilla, gdzie spotykają się jej znajomi; przelotne pozdrowienie na ulicy lub w pociągu...

Ćwiczenie

Jeśli swoją uwagę skierujesz na kijanki, zamiast na wyrośnięte żaby, wtedy świat nagle zacznie wyglądać inaczej. Jeśli w swojej wyobraźni poszukasz jeszcze więcej kijanek i nie będziesz już polował na żaby, wtedy twoja fantazja i rzeczywistość w naturalny sposób staną się bardziej zgodne.

Zastanów się, jak jutro, albo nawet jeszcze dziś, w trzech sytuacjach możesz nawiązać kontakt z ludźmi w sposób, który jest odrobinę mniej bezosobowy niż przy normalnych codziennych spotkaniach. Użyj do tego prostej sytuacji z życia codziennego. Na przykład jesteś w sklepie, w którym regularnie robisz zakupy – spróbuj kiedyś nie tylko po prostu zapłacić, lecz zapytać kasjerkę, jak długo ona już tu pracuje. Albo zapytaj sprzedawczynię z warzywniaka, które warzywa są najświeższe lub co ona sama będzie jadła dziś wieczorem. Gdy rozmawiasz z koleżanką o jej urlopie, zapytaj także, jak powstały jej plany urlopowe.

Puść wodzę fantazji na temat codziennych sytuacji. Pomyśl o tym, jak możesz te małe, normalne spotkania ukształtować trochę milej i dać im nieco więcej życia oraz więcej uważności, zarówno w stosunku do znanych, jak i nieznanych ci osób. Następnie zrealizuj te fantazje. Nie chodzi przy tym o to, że każdy mały krok musi natychmiast prowadzić bezpośrednio do związku. Przeciwnie, chodzi właśnie o to, żeby o tym zapomnieć i po prostu tylko obserwować, jak bardziej twórczo i z większą radością możesz kształtować swoje relacje z wieloma ludźmi w życiu codziennym.

Pomyśl o tym, że twoje partnerstwo nigdy nie zacznie się jako gotowy, perfekcyjny związek. Prawdziwym początkiem związku jest moment, gdy dwoje ludzi nawiązuje kontakt. Nie każdy kontakt rozwija się w związek, ale każdy związek rozpoczął się kiedyś od pierwszego kontaktu. Skieruj zatem przez pewien czas swoją uwagę właśnie na nawiązywanie kontaktów z innymi. I to nie tylko przy odpowiednich kandydatkach na twoje partnerki, lecz przy wszystkich możliwych osobach: kobietach i mężczyznach, ludziach starszych i dzieciach. Śnij o kijankach, nie o żabach!

Ogłoszenie towarzyskie

Czasami trudno powiedzieć, czego się właściwie chce. Nie można wtedy nawet wyraźnie rozpoznać, co jest dla nas ważne. Jeśli tak właśnie jest, daj sobie trochę czasu, żeby to zbadać. Czego sobie tak naprawdę życzysz, za czym tęsknisz? Wypisz to ze wszystkimi szczegółami.

Z ogłoszeń towarzyskich można się często dowiedzieć czegoś o życzeniach innych ludzi. Jednak najczęściej pokazują oni swoje życzenia w sposób powierzchowny. W ogłoszeniach drobnych znajdziemy często tylko kilka haseł, które właściwie nam nic nie mówią:

„Lubię dobre jedzenie i spacery". Czy to oznacza, że ludzie, którzy nie przykładają wagi do jedzenia i niechętnie wychodzą z domu, nie powinni reagować na ten tekst? I ilu ludzi dotyczy to ogłoszenie? Jeśli za pomocą niewielu słów możesz coś wyrazić, wtedy te słowa niewiele znaczą, pozostają bardzo ogólnikowe. Właściwie w pewnych kwestiach mogą określać nawet 95% ludzi.

Ćwiczenie

W tym ćwiczeniu będziesz miała dla odmiany okazję, żeby przedstawić wszystko drobiazgowo i bardzo dokładnie podać, czego szukasz i czego sobie życzysz. Opisz również najdziwniejsze detale. Nie robisz tego ćwiczenia dla innej osoby, lecz tylko dla siebie. Zejdź do podstaw swoich życzeń i wyraź je dobitnie. Daj sobie czas do napisania obszernego ogłoszenia towarzyskiego. Być może minie kilka dni, zanim odkryjesz wszystko, co jest dla ciebie ważne. Na początek ćwiczenia możesz po prostu wypisać kilka haseł, które potem będziesz dalej opracowywała. Opisz, kim jesteś i czego chcesz. Zapisz wiele stron, z wszelkimi możliwymi informacjami i detalami. Opisz swoją przeszłość, pragnienia, nadzieje, rzeczy, które masz do zaoferowania oraz to, czego potrzebujesz. Wymień swoje zalety, ale też swoje słabe strony. Ozdób swoje ogłoszenie towarzyskie wszelkimi cechami, których oczekujesz od partnera i wpisz je tam. Naprawdę się wysil, ewentualnie naklej jeszcze kilka ilustracji albo uzupełnij całość wierszem lub tekstem piosenki. Na koniec umieść pod spodem swoje imię.

Następnie przeczytaj na głos całe ogłoszenie – mając słuchacza lub nie. Jest wielu ludzi, którzy nie są w stanie formułować wyraźnie swoich życzeń, a jeśli im się uda, to nie mają odwagi wypowiedzenia ich głośno. Jeśli zajmują się własnymi życzeniami i głębszymi pragnieniami, często mają poczucie, że robią coś zawstydzającego, coś, czego się nie robi. Wprawiaj się więc w tym, żeby swoje życzenia wyrażać jasno i dobitnie, nadaj im głos, wypowiedz je, nawet jeśli nikt oprócz ciebie ich nie usłyszy. Gdy wiesz, czego chcesz, i gdy masz odwagę, żeby to wyrazić, wtedy bierzesz siebie na poważnie. Daje ci to więcej siły, żeby zająć się swoimi pragnieniami i zrealizować je.

Cudzymi oczyma

Niniejsze ćwiczenie możesz potraktować jak miłą grę, która pomoże ci zbliżyć się do swojego autoportretu.

Ćwiczenie

Potrzebujesz w tym celu swego aktualnego zdjęcia, kilku starych czasopism z ilustracjami, czterech kartek papieru, czterech krzeseł i dużo wyobraźni. Na początek przejrzyj czasopisma i wytnij trzy duże zdjęcia ludzi, których z jakiegoś powodu uważasz za atrakcyjnych. Ale wyszukaj sobie trzy zdjęcia ludzi różnego typu. Naklej ich podobizny na pojedyncze kartki, zastanów się nad imionami dla tych kobiet/mężczyzn i wpisz je pod ilustracjami. Wymyśl nie tylko imiona, lecz również zawód, jakieś hobby i miejsce zamieszkania. Zastanów się nad warunkami, w jakich żyją te osoby i zapisz odpowiednie hasła pod zdjęciami. „Elżbieta, 34 lata, Gdańsk, ul. Św. Ducha: nurkowanie. Mieszkała trzy lata z partnerem. Pragnie mieć dziecko". Albo: „Jan, 41 lat, pracownik biurowy, hobby: taniec na linie, hodowla rybek ozdobnych, nowe osiedle w Wilanowie, dwa razy rozwiedziony".

Naklej również swoje własne zdjęcie na papier i napisz kilka informacji o sobie. Nie fantazjuj przy tym, lecz trzymaj się faktów.

Ustaw trzy krzesła w jednym szeregu i połóż na nich zdjęcia i opisy wymyślonych osób. Postaw czwarte krzesło naprzeciw tego szeregu i połóż na nim swoje zdjęcie. Usiądź teraz na jednym z krzeseł zajmowanych przez trzy wymyślone osoby. Zamknij oczy i powtórz imię, które wymyśliłeś dla tej osoby. Wczuj się teraz w rzeczywistość tej osoby za pomocą cech, które wypisałeś. Wyobraź sobie, że jesteś rzeczywiście tą inną osobą.

Następna część ćwiczenia polega na tym, że w roli tej innej osoby czujesz pociąg do osoby na zdjęciu, która siedzi naprzeciwko, a więc do siebie samego. Teraz otwórz oczy i popatrz na swoje zdjęcie naprzeciwko ciebie. Będąc w roli wymyślonej osoby, wypowiedz wszystkie cechy, które w osobie na zdjęciu uważasz za pociągające, wszystko, co cię w niej, a więc w tobie samym, interesuje. A więc co Elżbieta uważa za miłe w tobie? Co Jan uważa za ciekawe w tobie? Co to jest, co Daria uważa w tobie za pociągające?

Być może robienie tego ćwiczenia wyda ci się w pierwszej chwili trochę dziwne i nienaturalne, bo przecież wszystko jest wymyślone i odgrywa się tylko w twojej wyobraźni. Ale zobaczysz, że wchodząc w rolę tych różnych charakterów, gdy tylko usiądziesz na ich miejscu i wczujesz się w ich sytuację, rzeczywiście pojawią się różne obrazy i uczucia. Jedna osoba będzie podziwiać w tobie zupełnie inne rzeczy niż druga. Jedna postać nie będzie uważać za interesujące pewnych aspektów, druga być może je wręcz odrzuci, ale trzecia może właśnie uznać tę stronę ciebie za bardzo atrakcyjną. W tym ćwiczeniu w stosunkowo krótkim czasie otrzymasz trzy bardzo różne obrazy siebie, trzy różne opinie, co jest dobre, a co jest odczuwane jako słabe. To naprawdę działa, pod warunkiem, że spróbujesz.

Jeśli we wszystkich trzech rolach czujesz dokładnie te same rzeczy, to wtedy prawdopodobnie zbyt poważnie podchodzisz do tego ćwiczenia i zbytnio trzymasz się własnych sądów. A to jest tylko zabawa! Spróbuj po prostu, wczuć się naprawdę w trzy różne role, wmów sobie, że rzeczywiście coś czujesz do osoby naprzeciwko, tj. do siebie samego, widocznego na zdjęciu i następnie całkowicie puść wodzę fantazji. Na jednym z krzeseł będziesz być może czuł się pewniejszy i przekonany o byciu w roli, na innym będziesz niepewny i trochę nieporadny. Siedząc na miejscu pierwszej kobiety, poczujesz, że podobają ci się mężczyźni z silnymi ramionami, ale gdy znajdziesz się na miejscu drugiej, zwrócisz uwagę tylko na oczy. Jeden mężczyzna chce kobiety, która już urodziła dziecko, ponieważ dzięki temu ma ona pewną dojrzałość, którą on uważa za istotną, inny mężczyzna w ogóle się nie będzie nad tym zastanawiał. Jednemu podobają się obfite biodra, inny woli smukłe wysportowane sylwetki; jeden włosy rude, drugi czarne...

Niezależnie od tego, co rzeczywiście myślisz o sobie, dzięki tej zabawie doświadczysz bardzo bezpośrednio, jak względne są wszystkie te idee, ponieważ różni ludzie patrzą na ciebie pod różnym kątem. Ty co prawda możesz robić co w twojej mocy, żeby wyglądać atrakcyjnie i dobrze, ale musisz się liczyć z faktem, że inni ludzie często zwracają uwagę na zupełnie inne aspekty niż to, co ty uważasz za ważne. Inni widzą akurat takie cechy i jakości w tobie, których ty nie szanujesz lub na które być może jeszcze nigdy nie zwróciłeś uwagi.

List miłosny

Ćwiczenie

Napisz do ukochanego. Napisz na przykład porywający list do mężczyzny, którego właśnie spotkałaś w wyobraźni i który wzbudził w tobie ciepłe uczucia. Naprawdę się postaraj i napisz piękny list, w którym powiesz mu, jakie uczucia w tobie wyzwolił i że masz nadzieję, iż również u niego wzniecony został ogień miłości. Następnie możesz ten list skropić odrobiną perfum i włożyć do koperty. Napisz na kopercie „Do Mego Ukochanego Przyjaciela" i wrzuć z bijącym sercem do skrzynki.

Inny przykład: wyobraź sobie, że list jest skierowany do fantastycznego faceta, którego już od jakiegoś czasu znasz i z którym niedawno spędziłaś romantyczny wieczór. I zaiskrzyło. Opisz w liście jeszcze raz ten wspaniały wieczór z uroczystą kolacją, koncert w operze, a na zakończenie radość pójścia razem do łóżka. Porywające! Opowiedz mu w liście, co było tej nocy tak wyjątkowe, magiczne i podziękuj płomiennymi słowami za tę przygodę... Podpisz się imieniem (imię wystarczy), włóż list do koperty i zaadresuj „Mój Gorący Mężczyzna". Wrzuć go następnie do skrzynki na listy.

Jeśli pisząc ten list w pełni wczułaś się w tę sytuację, to zauważasz, że po wrzuceniu go do skrzynki na listy, czułaś się pobudzona i pełna energii. Wiesz co prawda, że to tylko zabawa, ale jednak ma to pozytywny wpływ na ciebie. Prawdopodobnie po napisaniu znajdujesz się w pogodniejszym nastroju i jesteś nieco bardziej pobudzona. Jeśli sprawiło ci to dużą przyjemność, nie musi to być ostatni list miłosny. Napisz kilka listów do różnych wymyślonych osób.

Kto wie, może poruszysz w ten sposób serce jakiegoś listonosza, który znajdzie te tajemnicze koperty i przeczyta ich zawartość! To byłby dopiero numer! Głównym celem tego ćwiczenia nie jest jednak chęć zwabienia listonosza, ale próba obudzenia twojej kreatywności, rozszerzenia granic i poczucia się bardziej rozluźnioną w nawiązywaniu kontaktów. Poza tym możesz w ten sposób odkryć najprzeróżniejsze drogi, które wiodą do kontaktu z inną osobą. Jeśli napisałaś różne listy tego rodzaju, będzie ci później znacznie łatwiej napisać kilka miłych słów do realnej osoby. W każdym razie przeżyłaś dzięki temu kilka inspirujących momentów z twoim wyobrażonym partnerem. A gdy się pojawi okazja i napiszesz prawdziwy list miłosny do rzeczywistej osoby, zauważysz, że po tym ćwiczeniu przyjdzie ci to dużo łatwiej.

Cała naprzód

Ćwiczenie

Za pomocą tego rytuału możesz nadać więcej siły swojemu życzeniu wejścia w związek, w którym miłość i wsparcie są oczywiste. Sporządź najpierw listę „małych życzeń" twojej codzienności, być może pojawiających się nawet wielokrotnie w ciągu dnia. Pomyśl przy tym o praktycznych i bardzo konkretnych potrzebach – jak filiżanka kawy, kostka czekolady, papieros, rozmowa telefoniczna z przyjacielem/przyjaciółką, drobiazg kupiony od czasu do czasu dla siebie... Małe, proste rzeczy, których zwykle pragniesz i na które masz codziennie ochotę.
Wybierz teraz jedno z tych małych życzeń. Ćwiczenie polega na tym, żeby przez kolejne cztery dni z tego życzenia rezygnować! Przez cztery dni nie ulegaj potrzebie jego zaspokojenia. Za każdym razem gdy czujesz to pragnienie, przypomnij sobie przez krótką chwilę, że masz inne życzenie, które jest dla ciebie znacznie ważniejsze: życzenie znalezienia partnerki i tym samym rozpoczęcia długoletniego związku. Podejmij świadomie postanowienie nieulegania przez kilka dni „małemu życzeniu". Za każdym razem, gdy ono się pojawi, przechodzisz do „wielkiego" – pragnienia spotkania właściwej partnerki. Za każdym razem, gdy nie zaspokoisz małej potrzeby, wzmacniasz w swojej świadomości postanowienie usuwania przeszkód, które wchodzą w drogę znalezieniu partnerki. Pokaż sobie w ten sposób, że twoja tęsknota za partnerką jest naprawdę poważna, że bardziej ci zależy na spełnieniu tego wielkiego życzenia, niż na krótkotrwałym zaspokojeniu małych potrzeb.

Jeśli okres czterech dni dobrze na ciebie podziała, zrób kilka dni przerwy. Następnie, jeśli będziesz chciał, zacznij to ćwiczenie od nowa z tym samym małym życzeniem lub inną potrzebą. W ten sposób wzmacniasz myśl, że traktujesz całą sprawę poważnie i rzeczywiście chcesz coś zrobić. To da ci siłę, stabilność, a życzeniu większą wagę. Dzięki temu rytuałowi zmobilizujesz w sobie sporo energii, którą możesz całkowicie skierować na swoje „wielkie życzenie".

Spójrz w lustro

Każdy człowiek osądza siebie samego. Mogą to być sądy pozytywne i negatywne, ale zawsze sądy. U większości ludzi ten osąd samego siebie tylko częściowo zgadza się z rzeczywistością. Niezależnie od tego, na ile twój obraz siebie odpowiada rzeczywistości, ma wielki wpływ na twoje samopoczucie i zachowania w relacjach z innymi. Inni ludzie z kolei reagują na twoje zachowania. Stąd można powiedzieć, że twój sposób widzenia i oceniania siebie, częściowo wpływa na to, jak inni na ciebie reagują i jak cię traktują. Dlatego warto przyjrzeć się bliżej temu, jaki jest twój obraz siebie samego.

Ale jak to właściwie zrobić? Trudno jest przecież wydać obiektywną opinię na temat samego siebie. Jedna z możliwości to zapytać innych ludzi, którzy cię dobrze znają, mają wobec ciebie dobre zamiary, są przychylni. Stawiając im określone pytania, możesz odkryć, na ile twój obraz siebie zgadza się z opinią innych. Być może oceniasz siebie zbyt pozytywnie. Przykładowo uważasz swoje zdanie w rozmowach z przyjaciółmi za ważne i interesujące, ale inni ludzie często odbierają twoje komentarze jako denerwujące czy sztampowe. Albo myślisz, że podchodzisz do innych ludzi spontanicznie, natomiast może się okazać, że oni czasami czują się przez ciebie w nachalny sposób napadnięci.

Z drugiej strony negatywny obraz siebie też nie jest pomocny. Jeśli jesteś mocno przekonana, że twoje zęby wyglądają źle i z tego powodu stale zasłaniasz usta ręką, gdy chcesz coś powiedzieć, to wówczas inni prawdopodobnie pomyślą, że coś jest z tobą nie w porządku! Ale jeśli zapytasz ich o opinię na temat twoich zębów, to może się okazać, że oni uważają je za zupełnie normalne i dotychczas nic niezwykłego w nich nie zauważyli. Oni i tak patrzą ci raczej w oczy, gdy z tobą rozmawiają i właściwie zupełnie nie zwracają uwagi na twoje zęby. A oto kolejny przykład: Jesteś przekonana, że nic ważnego nie wnosisz do grupowych dyskusji – a inni właśnie bardzo wysoko sobie cenią twoje wyważone poglądy.

Jeśli chcesz się czegoś więcej dowiedzieć o sobie, to bliscy przyjaciele są dobrym źródłem informacji. Dlatego w tym rozdziale znajdziesz kilka ćwiczeń, w których radzę ci, żeby zapytać przyjaciół o ich opinie. Przyjaźń to bardzo dziwne zjawisko. Dobry przyjaciel wie bowiem dokładnie, co się z tobą dzieje lub jakie masz trudności, ale bardzo rzadko będzie chciał cię z tym skonfrontować. Zastanów się, jak ty postępujesz, gdy dobra przyjaciółka z własnej winy popada w trudności i zapłakana do ciebie dzwoni? Prawdopodobnie nie mówisz jej wprost: „No tak, przecież zawsze ci to mówiłam, sama jesteś sobie winna. Mam dosyć twoich historii. Tym razem sama musisz wydostać się z tarapatów" – po czym odkładasz słuchawkę. Nie, prawdopodobnie reagujesz z dużo większym zrozumieniem, gdy chodzi o prawdziwą przyjaciółkę lub dobrego przyjaciela i oferujesz wsparcie: „Ach, jakie to musi być straszne dla ciebie. Ale wszystko będzie dobrze, nie poddawaj się. Może się jutro spotkamy i pójdziemy razem na kawę?".

W przyjaźni chodzi głównie o wzajemne wspieranie się, a nie o bezpośrednią konfrontację z tak zwaną prawdą. Przyjaciółki lub przyjaciele zawierają niepisaną umowę wzajemnego pomagania sobie i wspierania się. W niektórych przyjaźniach jest tego trochę więcej, w niektórych mniej, ale zawsze jakoś służymy sobie nawzajem wsparciem. Gdy tkwisz w trudnościach, wtedy dobry przyjaciel będzie stał przy tobie. Ale w stosunku do aspektów twojej osobowości, które musiałyby zostać trochę podszlifowane lub są zbyt delikatne, przyjaciele są raczej powściągliwi. I właśnie dlatego, że przyjaciele nie krytykują nas stale, przyjaźnie są takie cudowne.

Jeśli pójdziesz za tymi wskazówkami i zapytasz przyjaciół o zdanie – o to, co myślą o tobie i twoich słabszych stronach, tylko niektórzy podejmą wyzwanie i powiedzą ci wszystko jasno i wyraźnie. Może się zdarzyć, że feedback od dobrej przyjaciółki lub dobrego przyjaciela potraktujesz jak policzek, bo trafi akurat w bolesny punkt lub będzie dotyczyć białych plam. Bądź na to przygotowana, że odpowiedzi przyjaciół na twoje pytania z kolejnych ćwiczeń rzeczywiście mogą być konfrontacją. A to dlatego, że przyjaciele są ludźmi, którzy cię dobrze znają, ale dotąd rzadko wypowiadali swoją krytyczną opinię o twoich ciemniejszych stronach. Może będziesz potrzebowała wielu dni, żeby dojść do siebie po niektórych odpowiedziach. Być może nie będziesz w stanie w ogóle zaakceptować ich zdania i będziesz się czuła zdradzona. Może nawet być tak, że pewne rzeczy, które powiedzą przyjaciółka lub przyjaciel, okażą się dla ciebie tak bardzo nie do zniesienia, że przez to zagrożona będzie wasza przyjaźń i zakończysz znajomość z daną osobą. Wszystko zależy tego, na ile jesteś gotowa te nielubiane strony siebie oświetlić ze wszystkich stron. Dlatego nie przyjmuj postawy obronnej ani nie atakuj swojego rozmówcy. Po prostu słuchaj, co ma ci do powiedzenia i weź to sobie do serca. To ćwiczenie poważnie nas zobowiązuje i nie sposób go lekceważyć.

Niezależnie od tego, co przyjaciele ci powiedzą, najważniejsze jest to, że oni mimo wszystko byli i nadal pozostają twoimi przyjaciółmi. Być może usłyszysz coś o jakiejś swojej negatywnej stronie i będzie to trudne do strawienia. Ale pamiętaj, że oni o tym wiedzą od dawna i dla nich ta strona nigdy nie była powodem zakończenia przyjaźni z tobą. I popatrz na to uczciwie! Ty też widzisz negatywne strony lub słabości u przyjaciół, ale czy zawsze im o tym mówisz? Ty też znasz negatywne cechy tego drugiego człowieka, a mimo to twoja przyjaźń jest wartościowa i ważna. Jesteśmy z przyjaciółmi tacy, jacy jesteśmy. Nikt nie jest doskonały!

Kto pyta, nie błądzi

Ćwiczenie

Jakie wrażenie robisz na innych ludziach? W czym inni widzą twoje mocne i słabe strony? Jakie Twoje cechy wedle oceny innych mogą pozostać niezmienione, a nad którymi musisz popracować?

Znalezienie odpowiedzi na te pytania jest bardzo proste: zapytaj pięcioro dobrych przyjaciół o ich zdanie na twój temat. Zapytaj ich, co w tobie cenią, a co im przeszkadza. Zapytaj ich, co ich zdaniem w twoim poszukiwaniu partnera mogłabyś robić lepiej, a czego powinnaś raczej zaniechać.

Na pewno usłyszysz kilka znanych rzeczy, ale być może niektórymi odpowiedziami będziesz zaskoczona. Zapamiętaj pozytywne sądy, a negatywne potraktuj jako zachętę, żeby samą siebie kontrolować w procesie zmiany.

Reality check

Oto ćwiczenie specjalnie dla heteroseksualnych kobiet i mężczyzn. Już wiele książek zajmowało się następującym tematem: kobiety i mężczyźni często nie wiedzą, co się rozgrywa u płci przeciwnej, co właściwie ma na myśli, a co wyraża na zewnątrz. Kilka książek powołuje się na biologiczne różnice płci i wyjaśnia,

że już u niemowląt mózg męski funkcjonuje inaczej niż żeński. Inni naukowcy odnoszą się raczej do społecznych aspektów tej odmienności. Różnice między kobietami i mężczyznami są pociągające i w sprzyjających okolicznościach budzą zainteresowanie drugą płcią, ale w niekorzystnej sytuacji prowadzą natychmiast do stereotypowych zarzutów i budują dystans.

Mężczyźni uważają, że „kobiety ciągle chcą gadać i za dużo od nas wymagają". A kobiety mają na to gotową odpowiedź: „na mężczyznach nigdy nie można polegać, gdy coś jest naprawdę ważne" albo że „mężczyźni są niedorozwinięci emocjonalnie". Prawdopodobnie wszyscy potrafilibyśmy niejedno dodać do tej listy. I bez wątpienia zarówno kobiety jak i mężczyźni mają po części rację. Jednak takie sądy i tak ogólne zarzuty nie przyczyniają się zbytnio do porozumienia między płciami, zwłaszcza że często są wypowiadane ze złością i lekceważeniem. Różnice między kobietami i mężczyznami bywają co prawda uciążliwe i prowadzą czasami do kłótni, ale źródło problemu tkwi w tym, że mężczyźni i kobiety osądzają się wzajemnie wedle miar, które uważają za słuszne dla siebie i dla zachowań własnej płci. Gdy kobiety ocenia się wedle kryteriów mężczyzn, nigdy nie odda się im sprawiedliwości. Tak samo jest oczywiście, gdy się ocenia mężczyzn wedle kryteriów stosownych dla kobiet. W ten właśnie sposób powstaje wiele nieporozumień i frustracji. Po obu stronach.

Dlatego spróbuj raz jeszcze na nowo zrozumieć, jak funkcjonuje ta druga/ten drugi, czyli jak wygląda rzeczywistość. I bez osądzania z góry, proszę.

Nie zaszkodzi również poświęcić kiedyś trochę czasu, by dokładnie zasięgnąć informacji u płci przeciwnej – co kobiety i mężczyźni uważają u siebie nawzajem za atrakcyjne i pociągające?

Ćwiczenie

Zaproś w tym celu kilka przyjaciółek i kilku przyjaciół, mniej więcej po troje z każdej płci. Niektórzy z nich być może są parą, nie szkodzi. Po prostu grupa kobiet udzieli wywiadu grupie mężczyzn i odwrotnie. Postarajcie się podczas tego wywiadu nie wypowiadać sądów. Celem tej rozmowy nie jest wydawanie opinii o drugiej płci ani odnalezienie wiecznej zgody, lecz rzeczywiste zrozumienie, jak płeć przeciwna funkcjonuje, co myśli, co czuje i jak wygląda świat widziany z drugiej strony.
Możesz zawczasu przygotować ten wieczór, prosząc także swoich gości – zarówno kobiety, jak i mężczyzn – o zrobienie listy aspektów, które oni sobie cenią u płci przeciwnej; rzeczy, których nie rozumieją, ale chcieliby lepiej poznać; a także życzeń, jakie mają wobec płci przeciwnej. W trakcie wieczoru wspólnie prześledźcie te indywidualnie sporządzone listy. Czy strona przeciwna uważa określone życzenia lub aspekty za realistyczne? W jakim obszarze można się spodziewać problemów i rozczarowań? Nie starajcie się wzajemnie przekonywać i nie próbujcie mieć racji, nie wchodźcie także w jałowe gry typu „tak, ale...". Sensem tego ćwiczenia jest zdobycie feedbacku, pogłębienie wzajemnej znajomości i spojrzenie na siebie z punktu widzenia drugiej płci.
Ciekawe, czy mężczyźni rzeczywiście potrafią mówić o sobie bez odgradzania się od kobiet i odwrotnie – czy kobiety są zdolne otwarcie mówić bez oceniania mężczyzn. Zwróć uwagę na to, żeby pytający nie przemycali w swoich pytaniach implikowanych sądów:
– Dlaczego mężczyźni tak mało czują?
– Dlaczego kobiety muszą absolutnie o wszystkim gadać – od nocnika do sputnika?!
Nie oszukujmy się, to nie są otwarte pytania, lecz sądy! Postarajcie się być neutralni i rzeczywiście odkrywajcie, jak funkcjonuje druga płeć. Jeśli się wam uda na chwilę zostawić za sobą przesądy, wtedy obie płci naprawdę wiele się o sobie dowiedzą...

Co robię źle?

Ćwiczenie

Powiedz kilku przyjaciołom tej płci, z której ma wywodzić się twój przyszły partner, że się zastanawiasz, co partnera może w tobie pociągać, a co odpychać. Zapytaj ich całkiem po prostu i bezpośrednio: „Czym odpędzam od siebie mężczyzn?" Pozostań przy tym jednym pytaniu. Odpowiedź wypadnie prawdopodobnie bardzo konfrontacyjnie. Jeżeli jesteś zaznajomiona z koncepcją pracy w obszarze „wewnętrznego mężczyzny/wewnętrznej kobiety", wówczas możesz to samo pytanie skierować również do niego/ /do niej. Mężczyźni powiedzą rzeczy, których ty jako kobieta nie mogłabyś wymyśleć. I odwrotnie. Postaw więc to samo pytanie także osobom płci, w której nie szukasz partnera. Prawdopodobnie kobiety będą miały dla ciebie także interesujące odpowiedzi.

Zapytaj Panią Właściwą

Ćwiczenie

Opisz swoją idealną partnerkę, zastanów się możliwie konkretnie nad jej cechami. Czy ona ma dzieci? Jaki ma zawód? Co robi w codziennym życiu? Jakie ma hobby? Rozejrzyj się następnie w twoim kręgu przyjaciół lub znajomych i rozpoznaj, czy przypadkiem nie znajdują się tam kobiety, które mniej lub bardziej odpowiadają tym wymaganiom. Wypisz ich imiona. Następnie nawiąż z nimi kontakt i zapytaj je wprost, co one uważają za atrakcyjne w partnerze. To da ci obraz, jakie cechy uważa za atrakcyjne człowiek, jakiego ty chciałbyś do siebie przyciągnąć. Jeśli chcesz być pociągający dla tej grupy docelowej, wówczas masz szansę odpowiednio zmienić coś w sobie czy swoim życiu.

Siedź cicho i nie przerywaj

Prawdopodobnie nie jest ci zupełnie obca taka sytuacja: para, którą znasz, rozstała się. Śledziłaś ten proces z pewnego dystansu, ale wiesz dostatecznie dużo, żeby rozumieć, co im się nie udało. Po roku wciąż masz kontakt z obiema osobami i zauważasz, że historie, które ekspartnerzy opowiadają o drugiej stronie i o rozstaniu, powoli acz nieuchronnie ulegają zmianie. I stopniowo coraz mniej odpowiadają twoim własnym spostrzeżeniom i wspomnieniom, a także opiniom waszych innych przyjaciół i przyjaciółek, którzy ich rozstanie przeżywali mniej lub bardziej z bliska. I widzisz jak byli partnerzy powoli zrzucają winę jeden na drugiego. Więc myślisz, że może się mylisz. Czy naprawdę było tak, jak mówią? Czy zapomnieli już o swoich własnych ciosach nie fair?

Nie, to nie złudzenie, dobrze widzisz. Ale posłuchaj ich raz jeszcze: każdy zrobił wszystko, co mógł, żeby uratować związek, ale drugi – no właśnie – tak naprawdę nie chciał, wszystko sabotował i piętrzył trudności. Ten drugi tkwił w swoich starych wzorcach. To on! To ona! Często jest tak, że opowieści ekspartnerów po pewnym czasie nie mają ze sobą nic wspólnego. To zupełnie różne wersje tej samej historii.

Niestety nikt z nas nie jest całkowicie wolny od tego rodzaju gier. Prawdopodobnie sama także sklecilaś piękną historyjkę o twoim ostatnim związku, a przede wszystkim o samym rozstaniu. W tej nowej historii twoja rola jest na pewno trochę bardziej niewinna, niż była w rzeczywistości. Tak się dzieje ze wszystkimi ludźmi w twoim otoczeniu, dlaczego z tobą miałoby być inaczej? Szkoda, że nam, ludziom, tak trudno widzieć i akceptować szczerze nasze własne błędy i własny udział w przebiegu związku, a zwłaszcza rozstania. Ale można się uczyć na błędach – jeśli jest się gotowym do nich przyznać i spokojnie na nie popatrzeć.

Ćwiczenie

Zanim rzucisz się więc w wir nowego związku, pomocne może być posłuchanie, jak przyjaciółki i przyjaciele, którzy dobrze cię znają, odebrali twój ostatni związek. Dlatego poproś z tego grona tych, których zdanie sobie cenisz, żeby powiedzieli ci szczerze, jak odbierali twoje wcześniejsze związki, a przede wszystkim czas rozstawania. Dzięki temu prawdopodobnie usłyszysz o sobie rzeczy, które pozwolą ci na nowo spojrzeć na te aspekty twojej osobowości, które pilnie powinny zostać odkurzone. Zapytaj po prostu swoich przyjaciół o ich pogląd na ten temat. Jedyną rzeczą, którą musisz zrobić, to siedzieć cicho, dobrze słuchać i nie przerywać, aż dokończą swoją wersję twojej historii. Nie chodzi o to, kto tutaj opowiada „prawdę", wysłuchaj po prostu wersji twoich przyjaciół. Traktuj to jako źródło informacji, które może ci dać inne spojrzenie na to, co się wydarzyło. Nie poprzestań na obserwacjach tylko jednej osoby, lecz zapytaj przynajmniej trzy. Dzięki temu prawdopodobnie usłyszysz kilkakrotnie rzeczy, których wolałabyś nie słyszeć w ogóle; rzeczy, przy słuchaniu których wszystko w tobie protestuje i z pozoru nie zgadza się z twoją wersją zdarzeń. Jeśli jednak wszyscy przyjaciele mają podobne lub wręcz takie same obserwacje, wtedy warto potraktować je poważnie. To wskazówki, które mogą ci pomóc w unikaniu tych błędów w nowym związku.

Zrób miejsce

Czasami w otoczeniu twoich przyjaciół lub znajomych jest samotna osoba, która z całą powagą twierdzi, iż szuka partnera. Ale gdy pomyślisz, że spotkałaby wreszcie właściwego człowieka, nie potrafisz sobie wyobrazić, że z tego mogłoby w ogóle coś być. Jest dla ciebie oczywiste, że w życiu przyjaciółki/przyjaciela lub znajomej/znajomego po prostu nie ma miejsca na inną osobę!

Niektórzy ludzie pielęgnują co prawda życzenie, żeby powitać w swoim życiu partnerkę, ale rzeczywiście nie mają dla niej wolnego miejsca. W taki sposób można długo „szukać". To się częściej zdarza, niż myślimy! Zamiast stworzyć w swoim życiu więcej miejsca dla nowego związku, większość ludzi – którzy już od dłuższego czasu są sami – redukuje przestrzeń. Pomału, ale niezawodnie zyskują wtedy opinię zatwardziałych starych kawalerów, którzy nikogo nie potrzebują i wszystko robią sami. No, oczywiście lepiej jest mieć opinię osoby, która dobrze sobie radzi, jest zadowolona i ewentualnie nie ma czasu na innych niż usychać z samotności i budzić wyłącznie współczucie. Ale jeśli chcesz przyciągnąć partnerkę, musi ona mieć poczucie, że jest mile widziana, ma w twoim życiu jakieś zadanie i że po prostu jej potrzebujesz. Jeśli nie dasz jej odczuć, że w ogóle potrzebujesz innych ludzi, to nie zadziałasz na nią zapraszająco. Poniższe ćwiczenie pomoże ci – zarówno symbolicznie jak też realnie – stworzyć więcej przestrzeni, ażeby nowa partnerka poczuła się mile zachęcona do tego, by znaleźć się w twoim otoczeniu.

Przestrzeń dla siebie

Medytacja

Najpierw zadbaj o siebie. Usiądź wygodnie w fotelu lub połóż się i rozluźnij. Skoncentruj się na życzeniu znalezienia partnerki. Skontaktuj się w sobie z poczuciem braku czegoś, z ciężarem i pustką, którą prawdopodobnie czasami odczuwasz. Skieruj uwagę na swoje ciało. Czy potrafisz odczuć to pragnienie innej osoby jako cielesne doznanie?

Poczuj dokładnie i odkryj to miejsce lub obszar, w którym to pragnienie się lokalizuje. Być może odczujesz chłód w okolicy serca lub brzucha bądź też uczucie częściowej nieobecności albo gorąca. A może nie jesteś w stanie skupić się na nogach i odbierasz je tylko niewyraźnie. Albo czujesz w określonym miejscu napięcie w mięśniach lub jakąś zgromadzoną tam energię. To miejsce może być bardzo małe, ale może także dotyczyć większego obszaru w ciele. Może dać się zauważyć w jakiejś jednej części ciała, na przykład w ramionach albo całych plecach. To uczucie może być wyraźne i konkretne, ale równie dobrze może być bardzo subtelne i delikatne.

Spróbuj więc to poczuć: najpierw pozwól, żeby pragnienie pojawiło się na powierzchni, wtedy skieruj część swojej świadomości na ciało i odkryj, w którym miejscu lub w których miejscach to pragnienie jest odczuwalne. Po dostrzeżeniu tego miejsca pozwól, żeby pojawiły się w tobie słowa pasujące do tych odczuć: ciepły, zimny, pusty, nieokreślony, napięty, spokojny...

Ćwiczenie

Pomyśl następnie, na ile ty w bardzo praktyczny sposób możesz coś zrobić dla tego miejsca. Jak możesz zadbać, zatroszczyć się o to miejsce, ażebyś tam czuł więcej komfortu? Jeśli uczucie braku partnera związane jest z uczuciem chłodu w krzyżu, możesz na przykład następnej nocy wziąć do łóżka termofor lub ogrzać plecy przy grzejniku. A jeśli masz sztywne i napięte mięśnie nóg, możesz umówić się z dobrym masażystą, pójść do sauny lub parę razy dziennie robić w domu kilka prostych ćwiczeń rozciągających.

Zanim będziesz kontynuować to ćwiczenie, zapisz najpierw kilka możliwości praktycznych rozwiązań, które się w tobie pojawią. Nawiąż znów kontakt z miejscem w ciele, w którym czułeś najsilniejsze doznanie. Następnie wyobraź sobie, że twoje ciało jest

niezwykle duże, że staje się wielkim domem. W ten sposób możesz wejść do tej części ciała, w której czułeś pragnienie spotkania partnerki, jak gdyby był to pokój. Wejdź w swojej wyobraźni do tego pomieszczenia. Rozejrzyj się, jak wygląda to miejsce, puść wodzę fantazji. Czy to miejsce jest czyste, czy może trochę zakurzone? Czy robi wrażenie ciepłego, czy raczej zimnego? Czy widzisz tam meble lub inne sprzęty? Czy one ci się podobają? Czy filiżanki i dywany są jeszcze w dobrym stanie? Przyjrzyj się wszystkiemu dokładnie. Czy jest tam telefon lub inne połączenie ze światem zewnętrznym? Czy można otworzyć okna, czy da się zamknąć drzwi, gdyby trzeba było? A może wszystkie przedmioty są już stare i zużyte lub wszędzie stoją nierozpakowane skrzynie po przeprowadzce i inne rzeczy, które jeszcze nigdy nie były używane?
Zastanów się, co możesz zrobić z tym miejscem, żeby zmienić je w przestrzeń, w której poczujesz się naprawdę dobrze. Co myślisz na przykład o zbudowaniu kominka? Wyobraź sobie, że to pomieszczenie ma wspaniały widok, a ty rozściełasz piękny, mięciutki dywan. Nie musisz wszystkiego poprawiać za jednym zamachem, ale gdy wykonujesz to ćwiczenie po raz pierwszy, zmień przynajmniej jedną lub dwie rzeczy, nawet gdyby to miały być tylko drobne zmiany. Na przykład pościeraj kurze, a kilka krzeseł, które ci się jakoś nie spodobały... rozpuść w nicości!
Nawet jeśli chciałbyś możliwie szybko przyjąć partnerkę w tym pięknym pokoju, poczekaj, aż stanie się on miejscem, w którym poczujesz się dobrze i które sam chętnie będziesz odwiedzać.

Zwróć uwagę na to, żeby to pomieszczenie nie było zagracone lub przeładowane. To musi być pokój, w którym jest dość miejsca dla drugiej osoby. Stwórz pomieszczenie, w którym sam czujesz się

jak w domu i w którym druga osoba także mogłaby się dobrze poczuć. Zadbaj o to, żeby było dużo przestrzeni i światła. Zwróć uwagę na to, żeby ten pokój żył, postaw w nim kilka pięknych roślin. A może parę książek lub płyt, ale lepiej nie wizualizuj ogromnych regałów z książkami, ponieważ czytanie może wynikać z chęci odwrócenia uwagi, żeby nie czuć tęsknoty za partnerką. Podobnie para królików w klatce może zachęcać do głaskania. Ale jeśli swoją potrzebę czułości zaspokoisz za pomocą głaskania króliczków, wtedy w tej wewnętrznej przestrzeni zamanifestujesz właściwie zastępczą partnerkę. Nie wyobrażaj sobie tego pokoju zbyt zapełnionego, zostaw jeszcze dość miejsca na nowe pomysły. Ważne jednak, żeby ten pokój nie robił wrażenia zimnego i pustego. Wracaj regularnie do tego miejsca i pielęgnuj je troskliwie.

W momencie gdy uporządkujesz to pomieszczenie, gdy będziesz dobrze w nim się czuł i miał wrażenie, że ktoś inny też może się tu czuć dobrze, wtedy twoja praca będzie właściwie wykonana. I wówczas od czasu do czasu przywołuj w pamięci obraz tego pokoju w swoim ciele. A mając chwilę czasu, żeby się odprężyć i pomyśleć o tym, możesz w przyspieszonym tempie raz jeszcze przejść przez wszystkie fazy: poczuj pragnienie partnerki, zlokalizuj miejsce, w którym odbierasz to uczucie w ciele, wyobraź sobie ciało jako dom i wejdź do tego pomieszczenia. Prawdopodobnie z czasem obraz tego miejsca trochę się zmieni. Na przykład pokój zrobi się większy i przestronniejszy. Ale pewnego dnia być może odkryjesz, że pękła rura! Rośliny być może trochę wyschły lub akurat zupełnie nieoczekiwanie kwitną. Jeśli zauważysz, że coś potrzebuje naprawy lub szczególnej troski, daj sobie czas, żeby znów wszystko doprowadzić do porządku. Zadbaj o to, żeby tam było dużo miejsca. I spokoju.

Jak się z tym uporasz, ponownie skieruj swoją uwagę na tu i teraz. Poczuj krzesło, na którym siedzisz, lub tapczan, na którym leżysz. Możesz to ćwiczenie powtarzać tak często, aż wewnętrzna przestrzeń stanie się miejscem, z którego będziesz w pełni zadowolony.

Otwórz serce

Każdy z nas na pewno zna krótkie, intensywne momenty, w których rozkoszujemy się teraźniejszą chwilą, w których czujemy się wspaniale i w których wszystkimi zmysłami odczuwamy błogość. Uczucie ciepłych promieni słonecznych na skórze po mroźnej zimie, orzeźwiające piwo w gorący dzień w ogrodzie, masaż, wycieranie się po prysznicu miękkim ręcznikiem, który wcześniej położyłaś na grzejniku, zapadanie w sen po męczącym dniu...

W momentach, w których masz tego rodzaju przyjemne zmysłowe doświadczenia, całkowicie się odprężasz i coś się w tobie otwiera. Wówczas dobrze jest wykonać krótkie ćwiczenie.

Medytacja

Gdy poczujesz naturalne odprężenie i doświadczysz związanego z nim otwarcia, wyobraź sobie, że spontanicznie powiększasz wewnętrzny ruch otwierania się. Rozkoszując się tym miłym doświadczeniem, wyobrażaj sobie, że twoje serce się całkowicie otwiera, rozszerza i witasz w nim swego nowego partnera. Tak jak surfer wykorzystuje siłę fali, żeby wprawić deskę surfingową w ruch, tak ty wykorzystaj spontaniczne otwarcie, które powstaje podczas tych przyjemnych zmysłowych przeżyć. Powiększaj i wzmacniaj to otwarcie w sobie – i do tej przestrzeni zaproś partnera.

Wykreuj przestrzeń

Ćwiczenie

Zamknij na chwilę oczy i wyobraź sobie, że właśnie rozpoczynasz nowy związek. Spotkałeś już kogoś, wielokrotnie się widywaliście i wzajemnie się odwiedzacie. Wydaje się, że jest to coś trwałego. Potem kochaliście się ze sobą, jeszcze bardzo ostrożnie i to też było piękne doświadczenie. Wczuj się naprawdę w tę sytuację...
Teraz otwórz oczy i popatrz na swoje mieszkanie. Wyobraź sobie, że to wszystko prawda. Co musiałoby się zmienić w twoim mieszkaniu, żeby zrobić miejsce dla tej fantazji? Jak fantazja ma się do twego mieszkania? Co w nim pasuje do ciebie jako samotnego mężczyzny, ale nie do osoby, którą regularnie odwiedza kobieta. Jak tam łazienka? Czy wszystko jest zastawione flakonami, tubkami i innymi rzeczami, tak że nie na po prostu miejsca na drobiazgi nowej partnerki, którą właśnie poznałeś, a która czasami u ciebie nocuje. Czy umywalka jest czysta, czy w niej i na półce nie zostały włosy i inne ślady golenia? A jak wygląda kosz na śmieci? Czy regularnie jest opróżniany i myty? A może każdy, kto go widzi, wolałby raczej od razu wyjść?
Wróć do obrazu z twojej wyobraźni. Przedstaw sobie, że twoja wymarzona kobieta ma jutro znów przyjść w odwiedziny. Jak urządzisz mieszkanie, żeby to było miejsce dla was obojga? Podziel na przykład półkę w łazience na dwie części: jedną dla siebie a drugą dla partnerki. Zrób to i stwórz rzeczywiście miejsce dla innej osoby. Wprowadzaj zmiany tak długo, aż będziesz przekonany, że partnerka będzie się dobrze czuła i będzie mile widziana również w twojej łazience. Przyjrzyj się też toalecie, sypialni i salonowi. Czy na sofie nie zalega zbyt wiele poduszek, starych czasopism i innych rzeczy, tak iż wolne jest tylko jedno miejsce, gdzie można jeszcze usiąść – dla ciebie i poza tym dla nikogo? Zmień to! Spójrz krytycznym okiem na całą swoją przestrzeń życiową. Zobacz, na ile meble i wszystkie przedmioty właściwie potwierdzają i podkreślają twoją samotność.

Popatrz na swoje mieszkanie oczyma nowej partnerki. Czy będzie musiała się wysilać, żeby zdobyć dla siebie jakieś miejsce no i czy w ogóle jest dla niej dość przestrzeni? Wykreuj tę przestrzeń. Oczywiście, mieszkanie nie powinno stać się przy tym symbolem pustki i głodu partnerki, nadal niech pozostanie przytulne i dobrze urządzone. Nie musisz zatem w łazience demonstracyjnie wieszać na ścianie pustej szafki, jednakże powinno zostać trochę miejsca między twoimi rzeczami, do których ktoś inny może dostawić drobiazgi. Gdy ktoś cię odwiedzi, ta osoba nie powinna mieć uczucia, że musi dopiero wywalczyć miejsce dla siebie.

Niezależnie od tego, czy atrakcyjna kobieta cię odwiedzi czy nie, przestrzeń, którą wykreujesz, będzie widoczna, namacalna i do dyspozycji.

Architektura wewnętrznego krajobrazu

Ludzie, którzy od dawna idą przez życie bez partnera, od pewnego momentu zaczynają się zamykać. Określone aspekty ich życia po prostu zamierają, jak w wielkim ogrodzie, w którym pewnych rewirów się już nie odwiedza i nie troszczy o nie. W tych zapomnianych obszarach ziemia stopniowo jałowieje i wysycha.

Nie chodzi tutaj o obszary, które są zamknięte z powodu doznanej traumy, głębokiej żałoby lub omijane są ze względu na ostry, nie zagojony ból, lecz o obszary, które po prostu zostały trochę zaniedbane i zmarniały, ponieważ nie są odwiedzane, nie są dotykane, nie są stale uaktywniane. Osoba, która sprawia wrażenie zabiedzonej, traci na swojej sile przyciągania. Stąd następne ćwiczenie.

Medytacja

Skieruj teraz uwagę na swoje ciało. Poczuj jak siedzisz, tutaj i w tym momencie – jak się czujesz? Pozostań uważna przez chwilę. Następnie wyobraź sobie, jak to jest, gdy pozostaje się w dobrym związku. Możesz się przy tym odwołać do wspomnień. Ale nie wiąż ich z konkretną osobą, pozostaw te uczucia trochę abstrakcyjne i niedookreślone. Obserwuj cały czas swoje ciało, swoją energię. Jakie części ciała otwierają się podczas tego wyobrażenia? Jakie obszary, które wcześniej obumierały znów rozkwitają? Jakie strefy, które zasnęły – budzą się teraz na nowo do życia? Być może czujesz jakieś emocje lub konkretne doznania cielesne – jakieś miejsce w krzyżu, w ramionach, w brzuchu? Za pomocą krótkiej wizualizacji skieruj na nie swoją świadomość.
Wyobraź sobie, że twoje ciało jest krajobrazem, wielkim ogrodem lub parkiem. Wejdź w ten obszar i szukaj miejsc, do których ciągnęło cię przy wyobrażeniu bliskości partnera. Obudź te miejsca do życia, uporządkuj i pielęgnuj je. Czy w twojej wyobraźni te miejsca zarosły chwastami? A zatem nadeszła pora, żeby wyrwać chwasty i zasadzić nowe, piękne kwiaty. Czy widzisz, że wszędzie leżą śmieci? Wyobraź sobie kosz na śmieci, pozbieraj je i wyrzuć. Spulchnij ziemię i posiej nasiona różnokolorowych kwiatów. A jeśli jest tam tylko suchy piasek lub ciernie? Przywołaj chmurę deszczową, każ jej zesłać deszcz i obserwuj, jak ziemia pije wodę. Poproś przyrodę, żeby rozkwitła i promieniała.

W ten sposób uczynisz swój wewnętrzny krajobraz znów dostępnym i z radością będziesz mógł się udać do tych wszystkich miejsc. Wewnętrzna przestrzeń rozszerzy się, a siła życiowa – w tym także siła do bycia w związku – powróci.

Brudne skarpety

Oto ćwiczenia dla kobiet poszukujących mężczyzny (ale także dla mężczyzn poszukujących kobiety, lecz oczywiście w zmienionej odpowiednio formie). Typowym źródłem frustracji i złości dla wielu kobiet z męskim partnerem jest to, że on zawsze wszystko zostawia po sobie i niczego nie sprząta: stare skarpety, brudne podkoszulki, brudne naczynia i tak dalej.

Ćwiczenie

Przygotuj na potrzeby tego ćwiczenia kilka męskich skarpetek, jakąś bieliznę, podkoszulek i bokserki. Rozrzuć następnie bieliznę i skarpetki po całym mieszkaniu, na przykład w sypialni, tak jak gdyby „on" znów wszędzie porozrzucał swoje ciuchy i po raz nie wiadomo który znów ich nie sprzątnął (chociaż dobrze wie, że powinien to zrobić). Ukryj też kilka skarpetek w koszu na bieliznę i w różnych szufladach, gdzie są nie na miejscu. Wiele kobiet mi opowiadało, że jeśli znajdą gdzieś

rzeczy, które tam nie powinny leżeć, wyprowadza je to z równowagi. Wydaje się jednak, że to na tyle częsta cecha mężczyzn, że wszystko gdzieś rzucają i zostawiają, że najlepiej... jeśli kobieta się do tego przyzwyczai.
W tym ćwiczeniu jesteś tą, która pozwala zalegać skarpetkom i podkoszulkom. Wyobraź sobie potem, że już przynajmniej od pięciu lat trzy razy w tygodniu próbujesz nauczyć „swego partnera", że on sam musi sprzątać swoje rzeczy – dotychczas niestety bez rezultatu. Zastanów się nad uczuciami, które to w tobie wywołuje, poczuj swoją frustrację, swoją złość, swój gniew. Skarpety są oczywiście tylko symbolem wszystkiego, co ci nie pasuje i nie podoba się w codziennym kontakcie z mężczyzną oraz wszystkiego, o co można go obwiniać. Te uczucia i oskarżenia są być może uzasadnione, ale być może krępują twoją otwartość i może odgrywają jednak pewną rolę w tym, że obecnie w ogóle nie masz partnera w swym życiu.
Dlatego poszukaj nowych dróg zneutralizowania swojej frustracji i złości albo – jeszcze lepiej – zmień je w pozdrowienie. W końcu przecież chcesz mieć faceta! Dlatego postanów, że za każdym razem, gdy znajdziesz skarpetkę, powiesz: „Nawet jeśli się nie ze wszystkim zgadzam, co i jak robisz, to jednak witam cię chętnie. Wiem, że będziesz musiał także radzić sobie z moimi dziwactwami. Zbieram więc twoje skarpetki, bo jesteśmy tacy sami". A może jednak myślisz, że jesteś doskonała i że twój partner nigdy się nie będzie dziwił, dlaczego pewnych rzeczy nie potrafisz lub nie chcesz zmienić. Dokładnie tak samo jak kobieta musi znaleźć sposób, żeby znosić dziwne, niereformowalne strony mężczyzny, tak też mężczyzna musi tolerować określone rzeczy u kobiety, która go codziennie zdumiewa i frustruje. Wprawiaj się więc w odpuszczaniu tego rodzaju frustracji. Zrozum, że twój przyszły partner i ty będziecie sobie regularnie działać na nerwy i że wszelkie próby zmieniania siebie nawzajem są z góry skazane na niepowodzenie. Niemożliwością jest po prostu zmienić drugiego człowieka. Powitaj i pozdrów go w swoich myślach, nawet wtedy, gdy on nie jest doskonały (wedle twojej miary!).
Sprzątnij w tym ćwiczeniu skarpetki, ale dwa, trzy dni później znów je porozrzucaj na podłodze, w sieni, pod łóżkiem itd. Dzięki temu będziesz mogła przeprowadzić to ćwiczenie ponownie, pozdrawiając go za każdym razem, gdy znajdziesz skarpetkę czy podkoszulkę. I tak za pomocą starych skarpetek

i bielizny usuniesz powoli przeszkody między kobietami i mężczyznami, między tobą i potencjalnym partnerem. Jednocześnie powstanie w ten sposób wyraźny obraz mężczyzny w twoim domu, a to jest przecież w końcu to, o co ci chodzi.

Mężczyźni szukający kobiety mogą wymyślić własny wariant tego ćwiczenia. Zastanów się po prostu, co u twoich partnerek w przeszłości zawsze cię denerwowało, wyprowadzało z równowagi i przyprawiało o szewską pasję. Zorganizuj sobie te rzeczy i rozlokuj w mieszkaniu, żebyś regularnie na nie natrafiał. Ustaw na przykład 60 flakoników, tubek i dezodorantów na brzegu wanny, tak że nie będziesz mógł znaleźć swojego własnego szamponu. Przemień swoją frustrację w powitanie i pozdrowienie, które bardziej sprzyjają rzeczywistości niż twoja frustracja. A wszelka frustracja pęknie wówczas jak bańka mydlana!

Atrakcyjna i wolna

Kiedy pragniesz mieć partnera i od pewnego momentu rzeczywiście go aktywnie szukasz, zaczynasz wypatrywać atrakcyjnych ludzi i zwracać uwagę na sygnały, które mówią ci, czy dana osoba jest wolna czy nie. Dlatego warto zasygnalizować zewnętrznemu światu, że jesteś do wzięcia.

Jeśli naprawdę chcesz mieć partnera, trzeba żebyś się stała osobą atrakcyjną i pociągającą. Możesz oczywiście zająć się swoim wyglądem zewnętrznym: wybrać się do kosmetyczki i w końcu dać sobie usunąć brodawkę lub zasięgnąć porady u wizażystki, żeby wreszcie mieć pewność w jakim kolorze ci do twarzy i w jakich ubraniach wyglądasz najkorzystniej. Ponadto możesz zapisać się na warsztaty z zakresu komunikacji lub pójść na kurs flirtowania dla kobiet.

Ale możesz także zacząć od poniższych ćwiczeń, które nie tyle są nastawione na konkretne działania, lecz raczej na to, żebyś mogła zbadać i uruchomić własną kreatywność oraz trochę poeksperymentować.

Atrakcyjna znaczy zajęta

Brzmi to jak paradoks, ale okazuje się, że osoba będąca w trwałym związku wydaje się dla innych bardziej godna pożądania. Jest to zdumiewająca i fascynująca gra, którą ludzie często wykorzystują. Zarówno mężczyźni jak i kobiety, którzy mają partnera, lubią się nim chwalić. To fakt. Kiedy ma się partnera, który wygląda atrakcyjnie i pociągająco, oznacza to, że ty też musisz być atrakcyjna, skoro jesteś z taką osobą. Ta interesująca gra toczy się w dużym stopniu nieświadomie. Jeśli ktoś ma partnera, to znaczy, że też jest przez niego pożądany i dzięki temu może być godny pożądania przez innych ludzi.

Cóż więc robić, jeśli sama jesteś bez partnera i wiesz ponadto, że w poszukiwaniu partnera twoja samotność nie podnosi bynajmniej twojej atrakcyjności? Włożenie obrączki na następną imprezę byłoby może drobną przesadą. W ten sposób odgonisz tylko mężczyzn, którzy szukają wolnej partnerki. Albo jeszcze gorzej, przyciągniesz facetów, którzy w rzeczywistości nie chcą się wiązać.

Ćwiczenie

Spróbuj popatrzeć na grę między byciem-do-wzięcia a byciem-zajętą jako bodziec stymulujący twoją twórczą inwencję. Baw się tym, co przekazujesz nieznanym ludziom, i obserwuj, jaki to ma wpływ na twoje samopoczucie i poziom atrakcyjności. Na przykład będąc następnym razem na zakupach, opowiedz ekspedientce o swoim facecie. Kup prezent dla swojego przyjaciela. Albo poszukaj jakiejś części garderoby dla swojego mężczyzny, przy czym opisz, jakiego jest wzrostu. Ty co prawda nie wiesz dokładnie, jaki rozmiar on nosi, ale ...myślisz, że jest mniej więcej tego samego wzrostu i tej samej postury, co sprzedawca. Rozmawiając o twoim partnerze i jednocześnie trochę flirtując, może powstać między wami frapujące napięcie. Wypróbuj to kiedyś!

Alternatywą byłoby nie tyle opowiadanie o swoim partnerze, lecz odmalowanie w wyobraźni, jak to jest być na tropie supermana. Wyobraź sobie dokładnie wszystkie szczegóły, poczekaj, aż twoje oczy zaczną promienieć blaskiem. Upiększ się wtedy, włóż ulubioną sukienkę, użyj przyjemnych perfum, zamów taksówkę i wyrusz na wasze pierwsze spotkanie. Pamiętaj o tym, że szalejecie za sobą i nie możecie się doczekać, żeby się znów zobaczyć.

Jeśli trudno ci się wcielić w tę rolę, to niniejsze ćwiczenie potraktuj jako zadanie teatralne. Wczuj się najpierw w sytuację, że oto jesteś zawodową aktorką. Każ tej aktorce zagrać rolę zakochanej osoby. Usiądź następnie w kawiarni, idź do centrum handlowego, na dworzec lub w inne miejsce, w którym możesz się swobodnie poruszać i łatwo zadzierzgnąć kontakt z innymi. Nawiąż od czasu do czasu kontakt z mężczyzną, którego uważasz za atrakcyjnego, nawet jeśli wiesz, że jest zajęty. Rozpocznij rozmowę. Wystarczy, jeśli zapytasz na przykład, czy przeczytał już gazetę i czy możesz do niej zajrzeć. „Czy dzisiaj jest coś, co powinnam koniecznie przeczytać?". Nie musi to być od razu długa rozmowa. Wystarczy kilka zdań. Ważne, że w ogóle nawiążesz kontakt. Po krótkim spotkaniu idziesz dalej. Wyobrażaj sobie przez cały czas, że twoja wielka miłość czeka na ciebie i już nie może się doczekać, żeby cię znów zobaczyć. Wciel się naprawdę w tę rolę. Zacznij kolejną krótką konwersację.

Zauważysz, że czujesz się w kontakcie z innymi swobodniej, jeśli tylko sobie wyobrazisz, że jesteś zajęta. I być może stwierdzisz, że ludzie reagują na ciebie dużo pozytywniej, kiedy podtrzymujesz myśl, że wszystko w twoim życiu układa się pierwszorzędnie, ponieważ jesteś z mężczyzną swego życia. Dzięki bardziej swobodnemu i pewnemu siebie sposobowi komunikacji stajesz się więc bardziej atrakcyjna i pociągająca. I ćwicząc w ten sposób mimowolnie przyswajasz sobie te cechy.

Do pozazdroszczenia

Gdy od dawna jesteś bez partnerki, wtedy prawdopodobnie część twojej rodziny i znajomych traktuje cię z politowaniem. Widzą ciebie jako kogoś, komu czegoś brakuje i szukają przyczyn twojej samotności. No i oczywiście życzą ci jak najlepiej. Negatywne myśli innych wyrażają się w sposobie, w jaki na ciebie patrzą, odnoszą się do ciebie i rozmawiają z tobą. Za każdym razem gdy się spotykacie, poruszają w rozmowie te same tematy, a innych unikają jak ognia. To może być na dłuższą metę męczące lub nawet poniżające. Następne ćwiczenie ma stworzyć przeciwwagę dla negatywnych sądów i opinii innych ludzi z twojego bezpośredniego otoczenia.

Ćwiczenie

Poproś przystojną przyjaciółkę lub przystojnego przyjaciela, żeby poszła z tobą do miłej restauracji. Jeśli szukasz kobiety, poproś przyjaciółkę, żeby ci towarzyszyła. Jeśli szukasz mężczyzny, poproś przyjaciela. Jeśli ta osoba także szuka partnera, wtedy to ćwiczenie może być interesującym eksperymentem dla was obojga.

Grajcie wspólnie „idealną parę": przy wchodzeniu do restauracji, zamawianiu potraw, podczas jedzenia i opuszczania lokalu. Nie przesadzajcie zbytnio, ale wyraźnie pokażcie zewnętrznemu światu, że jesteście parą. Trzymajcie się od czasu do czasu za ręce i patrzcie sobie w oczy, zwłaszcza podczas toastu kieliszkiem wina. Szepczcie sobie coś do ucha i uśmiechajcie się tajemniczo. Zachowujcie się a to powściągliwie, a to trochę wyzywająco. Wyszukajcie sobie na potrzeby tego ćwiczenia jakiś chętnie odwiedzany lokal i grajcie swoje role subtelnie acz wyraźnie. Wracając na przykład z toalety, zanim znów usiądziesz na swoim miejscu, pomasuj przez chwilę ramiona swojej „partnerki". Chodzi po prostu o to, żeby ludzie wokół zaczęli wam trochę zazdrościć. Albo też z odrobiną nostalgii rozkoszowali się obserwowaniem was jako pary. Ćwiczenie możesz uznać za udane, gdy ludzie przy sąsiednim stoliku będą wam rzucać ukradkowe spojrzenia i ze wzruszeniem popatrywać w waszą stronę.

Gdy wiele osób patrzy na ciebie z politowaniem i jesteś postrzegany jako biedny, pozbawiony partnerki nieszczęśnik, wtedy to ćwiczenie może ci dać bardzo satysfakcjonujące przeżycie. Gdy na zakończenie ćwiczenia będziesz opuszczał restaurację, będziesz miał pewność, że przynajmniej trzydzieści zupełnie obcych osób nie widzi w tobie nieudacznika. Przeciwnie. Dla wszystkich tych ludzi jesteś teraz facetem, który dobrze kieruje swoim życiem. Uważają cię za atrakcyjnego i godnego pozazdroszczenia gościa. Rozkoszuj się tym uczuciem!

Szyld reklamowy

W następnym ćwiczeniu zrobisz piękny, trójwymiarowy collage z najróżniejszych przedmiotów, zdjęć i ilustracji, które symbolizują coś typowego dla ciebie i twojego życia.

Ćwiczenie

Wyszukaj fotografie i obrazy, weź pióra, muszle, zasuszone kwiaty, małe plastikowe zwierzęta i wszystko, cokolwiek nadaje się do tego, żeby wyrazić twoje zdolności, charakterystyczne cechy i zainteresowania. Poszukaj zarówno przykładów na to, co masz do zaoferowania w związku, jak też aspektów, których sam w związku partnerskim szukasz. Przerzuć czasopisma, wejdź do sklepów z zabawkami, szukaj w kwiaciarniach i w Internecie, zobacz, co znajdziesz w piwnicy, a co na strychu.
Przygotuj teraz na tyle mocną podkładkę, żeby bez trudu utrzymała twój collage złożony z tych wszystkich rzeczy. Wytnij w tym celu na przykład duże koło z tektury lub twardego kartonu. Nalep na nie jakieś kolorowe, inspirujące tło. A następnie zacznij porządkować zebrane symbole i materiały, aż cała praca będzie wyglądała ładnie i harmonijnie. Użyj stosownych narzędzi, żeby zamocować te przedmioty do podkładki: kleju, zszywacza, igły i sznurka, lutownicy...
Robiąc collage, przy każdym przedmiocie, który bierzesz do ręki, wypowiedz, jakie cechy on reprezentuje. Gdy całość będzie go-

towa, powieś ją w oknie, tak żeby każda osoba przechodząca obok twojego domu mogła ją zobaczyć. Albo zrób zdjęcie swojego collage'u i roześlij jako widokówkę do znajomych i przyjaciół. Nie potrzebujesz przy tym wyjaśniać, o co dokładnie chodzi. Postaraj się po prostu o to, żeby różni ludzie go zobaczyli, żeby obraz ten został wysłany w świat. Działa on jak rodzaj szyldu reklamowego. Wyobraź sobie, że posiada moc przyciągania właściwych partnerów. Obok funkcji energetyczno-duchowej collage'u, sam proces tworzenia go jest psychologicznie niezwykle korzystnym krokiem. Samo wyrażenie wszystkich swoich życzeń i pięknych cech, stworzenie zrównoważonego obrazu i zaprezentowanie go innym ludziom, może być bardzo pomocne dla kogoś, kto szuka partnera.

Puść w eter swoją wiadomość

Zwierzę, które szuka partnera, potrafi wydawać określony głos, roztaczać specyficzny zapach lub dzięki zmianom koloru skóry dać do zrozumienia, że jest wolne i szuka partnera. Również my, ludzie, za pomocą najróżniejszych form komunikacji niewerbalnej przekazujemy sobie wiadomości, że szukamy partnera lub jesteśmy do dyspozycji. Wysyłamy feromony, rodzaj subtelnych substancji zapachowych lub, mówiąc dokładniej, wabiących, których działania sobie nie uświadamiamy. Ale w ten sposób przekazujemy ludziom w naszym otoczeniu wyraźne informacje. Gdy czujemy pociąg do jakiegoś człowieka, upiększamy się dla niego, puszczamy oko albo mówimy w sposób, który jest trochę inny niż zwykle.

Wychodząc z założenia, że jest wiele różnych sygnałów, za pomocą których można innym ludziom powiedzieć o poszukiwaniu partnera, spróbuj trochę poeksperymentować. Przed ważnym przyjęciem możesz na przykład nie tylko upiększyć się zewnętrznie, ale wcześniej przygotować się do tego w sposób symboliczny lub duchowy. Podam kilka przykładów, żeby pobudzić twoją wyobraźnię.

Medytacja I

Poczekaj do wieczora, aż się ściemni. Wyłącz wszystkie lampy, żeby także w całym domu zrobiło się ciemno. Zapal świecę i usiądź przed nią. Wyobraź sobie, że twój dom się rozpływa i oto znajdujesz się w rozległej przestrzeni, przy świecy, na łonie natury. Blask świecy widać z dużej odległości, bo światło rozprasza ciemność. Wyobraź sobie, że to światło jest widoczne tylko dla mężczyzn, którzy mogą być dla ciebie właściwymi partnerami. To świeca o magicznej mocy, która została zapalona specjalnie dla nich i tylko przez nich jest widziana. Pozwól, żeby raz po raz wynurzyła się z ciemności postać ewentualnego przyszłego partnera i zbliżyła się do ciebie. Pokaż mu się, pozdrów go, otwórz się na niego. Doznaj uczucia bycia widzianą w ciemności. Za pomocą magicznego światła możesz wysłać w świat wiadomość, że szukasz partnera. Ta medytacja napełni cię ciszą i w ten sposób nauczy, jak odprężać się w oczekiwaniu na partnera.

Medytacja II

Użyj dźwięku, na przykład dźwięku misy tybetańskiej lub innego instrumentu muzycznego, który daje śpiewny ton. Weź instrument do ręki i wyobraź sobie, że jest to urządzenie nagrywające. Wypowiedz głośno i wyraźnie swoje życzenie znalezienia partnera oraz to, że jesteś wolna i gotowa do założenia nowego związku. Wyobraź sobie, że twoje słowa zostały nagrane na ten instrument. Następnie poproś, żeby misa wydała dźwięk i zabrzmiała – lub zagraj na strunach gitary. Pozwól, żeby dźwięki narastały powoli i znów cichły. Imaginuj sobie, że twoje przesłanie, które zostało nagrane za pomocą tego instrumentu, zostaje w ten sposób rozesłane w świat. Że się rozprzestrzenia, jest widzialne i słyszalne dla mężczyzn, którzy również wybrali się na poszukiwanie, tak samo jak ty. A gdy dźwięk instrumentu umilknie, twoje przesłanie rozniesie się po świecie.

Rytuał

W różnych kulturach szamańskich wychodzi się z przekonania, że woda posiada zdolność wchłaniania i przekazywania informacji. Weź więc do tego rytuału szklankę z wodą i trzymaj ją blisko ust. Wypowiedz do wody swoje życzenie znalezienia życiowego partnera. Powiedz, kim jesteś, i co masz do zaoferowania, powiedz wyraźnie, czego szukasz. Wyobraź sobie, że masz kontakt ze wspaniałym mężczyzną i że fantastycznie się rozumiecie.

Powtórz to wyobrażenie wielokrotnie, aż będziesz przekonana, że woda przyjęła te informacje, że napełniona jest twoją opowieścią. Być może, zanim osiągniesz ten efekt, będziesz musiała ten rytuał wykonywać przez kolejne dni z tą samą szklanką wody. Użyj jej w końcu jako rodzaju wody toaletowej, nawet jeśli ona nie pachnie. I zanim wyjdziesz z domu albo pójdziesz na spotkanie rozprowadź kilka kropli na przegubach rąk, twarzy i szyi. Możesz również dodać jakąś substancję zapachową, na przykład dolewając swoich ulubionych perfum lub kilka kropel olejków eterycznych. Wówczas za pomocą tej specjalnie przygotowanej wody będziesz wysyłać wabiące sygnały.

Kto daje, ten przyciąga

W zdrowym, zharmonizowanym związku dużo się daje: uwagę, troskę, oznaki szacunku, małe prezenty. Partnerzy, którym jest ze sobą dobrze, wiele sobie wzajemnie dają i umieją także przyjmować od siebie. Osoba, która potrafi dawać i przyjmować, jest jednocześnie atrakcyjna i tym samym staje się właściwym partnerem. Chyba że dawanie jest wymuszone i dokonuje się z lęku przed utratą miłości. Wtedy stanowi to oczywiście pułapkę.

Ćwiczenie
Wprawiaj się w dawaniu. Dawaj raz po raz małe prezenty osobom, które dobrze znasz. Kup 10 pięknych kartek i wyślij do krewnych i przyjaciół. Zrób sobie zapas drobnych prezentów, tak że zawsze będziesz miała coś pod ręką, co będziesz mogła wziąć ze sobą jako niespodziankę, gdy pójdziesz kogoś odwiedzić.

Trafił swój na swego

Czy chcesz, żeby twoja partnerka miała piękne, białe zęby? A kiedy byłeś ostatnio u dentysty? Czy tęsknisz za ogorzałą słońcem dziewczyną? A jak wytłumaczyć twoją bladość? Chcesz mieć partnerkę z płaskim brzuchem? Ale jak wyglądają twoje własne mięśnie brzucha? Chciałbyś mieć zadbaną i elegancką partnerkę, ale sam wyglądasz jak obwieś? Jeśli weźmiesz pod lupę swoją wymarzoną, nie zapomnij ocenić siebie wedle tych samych kryteriów. To, czego chcesz od drugiej osoby, musisz jej w pewnych rozsądnych ramach również sam zaoferować. Podobne energie przyciągają się nawzajem i rozpoznają w sposób nieomylny.

Dawanie i branie – od zaraz

Pragnienie znalezienia partnera często nie jest jednoznaczne. Najczęściej składa się z przeróżnych życzeń i wyobrażeń. Część tych tęsknot prawdopodobnie może spełnić wyłącznie życiowy partner, ale gdy wypiszesz wszystkie elementy, przekonasz się, że jest wiele punktów na tej liście, które częściowo lub całkowicie możesz wypełnić sama, bez konieczności bycia w związku.

Rozpatrz więc wnikliwie swoje najskrytsze życzenia i tęsknoty. Odkryj, co da się zrealizować bez partnera życiowego. Następnie możesz przejść do czynu i nie czuć się ofiarą braku kogoś bliskiego. Poza tym jeśli potrafisz sama dobrze o siebie zadbać, będziesz mniej wymagająca wobec przyszłego partnera. Jeśli natomiast oczekujesz, że on spełni wszystko, co znajduje się na twojej liście, to prawdopodobnie jak się szybko pojawi tak szybko zniknie z twojego życia.

Ćwiczenie

Żeby nadać pragnieniu znalezienia partnera właściwe proporcje, odpowiedz pisemnie na dwa pytania: „Co chcę dać partnerowi?" i „Co chcę otrzymać od partnera?".

Po udzieleniu odpowiedzi na oba pytania odpowiedz jeszcze na dwa: „Co z tego, co chcę dać partnerowi, mogę dać już teraz, niekoniecznie bezpośrednio jemu?". Oraz: „Co z tego, co chcę otrzymać od partnera, mogę już teraz całkowicie lub częściowo dostać w inny sposób?"

Być może ten pomysł jest dla ciebie zupełnie nowy i będziesz potrzebowała trochę czasu, żeby się do niego przyzwyczaić. Ale przy odrobinie kreatywności dasz sobie na pewno radę, po prostu to wypróbuj! Być może wspominasz ostatni związek, w którym sprawiało ci przyjemność ukrywanie małych karteczek z dowcipnymi rysunkami, które on znajdował jako miłe niespodzianki, gdy ciebie nie było w domu. Zamiast tego możesz kupić stertę widokówek albo je sama zrobić i każdego dnia wysyłać do przyjaciół, znajomych lub krewnych. W ten sposób przy okazji wzmocnisz swoje kontakty społeczne.

Albo zupełnie inny przykład. Może odczuwasz brak kogoś bliskiego, kto interesuje się tym, co przeżyłaś danego dnia. Gdybyś tylko miała partnera, mogłabyś mu zawsze wszystko opowiedzieć... Oto tymczasowe rozwiązanie: zapytaj kilka swoich dobrych przyjaciółek lub kilku przyjaciół, czy możesz zadzwonić parę razy w tygodniu, żeby opowiedzieć im swoje przygody i powszednie historie. Zapewnij, że nie będziesz dzwonić codziennie i nie dłużej niż 10 minut. Poza tym ustal, że mogą ci zawsze powiedzieć wprost, gdy nie będzie im to pasować lub w danym momencie nie będą mieli ochoty. I trzymaj się ściśle tej umowy! Wyjaśnij im, że od czasu do czasu chcesz pogadać o zupełnie ogólnych rzeczach.

Najlepiej stosuj system rotacyjny i zapisuj, do kogo telefonowałaś, tak żeby nie nadużywać cierpliwości przyjaciół. Taka umowa z przyjaciółmi jest czymś trochę dziwnym, ale z drugiej strony wielu z nas dobrze zna to pragnienie, żeby się podzielić tym, jaki się miało dzień, bez konieczności prowadzenia na ten temat dogłębnych rozmów.

Jeszcze ostatni przykład. Brakuje ci czułych objęć i dotyków? Tak, to coś, co w sposób tak oczywisty ma miejsce w relacji miłosnej. Ale poza nią? To pragnienie możesz częściowo spełnić, dopytując w różnych szkołach masażu, czy nie potrzebują „królików doświadczalnych", na których uczniowie mogliby ćwiczyć.

W każdym razie zbadaj swoje pragnienia i sprawdź, co już dziś jest możliwe, zarówno w dawaniu jak i w braniu.

Wspólnie z przyszłym partnerem

Jeśli już od dawna tęsknisz za partnerką, nachodzi cię czasami uczucie, że ona jest nieosiągalna!... i musi przybyć z innej planety. W rzeczywistości jednak jest całe mnóstwo osób, które nadawałyby się na partnerkę dla ciebie. To realni ludzie, żyją na Ziemi, tu i teraz. Być może tylko nie rzucili ci się w oczy. Osoba, która może stać się twoją partnerką, istota z krwi i kości, już teraz jednak gdzieś żyje. Na tym polega istotna różnica: albo tęsknisz za osobą, o której myślisz, że nie istnieje, że jest istotą nieosiągalną albo kierujesz swoje pragnienia ku kobiecie, która już teraz gdzieś żyje. Być może żyje w tym samym mieście, w którym i ty mieszkasz, oddycha, je i telefonuje – tylko (jeszcze) nie do ciebie. Jeśli będziesz sobie stale przypominał, że wymarzona partnerka jest konkretną osobą, wtedy twoja świadomość zamiast błąkać się wertykalnie w pustym i abstrakcyjnym wszechświecie, zostanie skierowana horyzontalnie na twoje bezpośrednie otoczenie. W tym rozdziale w centrum uwagi stoi twoja przyszła partnerka jako osoba, z którą już teraz – na różne sposoby – możesz wejść w kontakt.

Jak królik z cylindra

Znalezienie odpowiedniej partnerki można przyrównać do magicznej sztuczki, w której twoja życiowa partnerka niczym królik zostaje nagle wyczarowana z cylindra. Oczywiście wiemy, że to tylko sztuczka. I co prawda wydaje się nam, że królik wyłania się z nicości, ale on oczywiście istniał już wcześniej – i cały czas siedział ukryty pod stołem. Moment, w którym królik w magiczny sposób zostaje wyciągnięty z czarodziejskiego cylindra da się porównać z sytuacją, w której po raz pierwszy rzeczywiście spotykasz partnerkę i nagle coś klika!

Ćwiczenie

Ale teraz zapomnij o magii! Uświadom sobie, że tak naprawdę „twój królik" już dawno siedzi pod stołem i tylko czeka na to, żeby ktoś go wyczarował. Już istnieje, nawet jeżeli nie możesz go jeszcze zobaczyć. Szukasz partnerki w życiu, a ta osoba już przecież jest. Nie musi zostać w tajemniczy sposób obudzona do życia.

Pozwól, żeby ten fakt przez chwilę do ciebie dotarł. Uprzytomnij sobie, że partnerka, której pragniesz, już istnieje i gdzieś stąpa po tej ziemi. Od czasu do czasu wycisz się wewnętrznie i powiedz sam do siebie coś w rodzaju: „Ona już istnieje, ma prawdopodobnie mieszkanie z salonem, kuchnią i sypialnią. Każdego dnia wychodzi prawdopodobnie z domu, idzie do pracy, poświęca się swojemu hobby, robi zakupy, a od czasu do czasu odwiedza przyjaciółki i przyjaciół. Witam ją w moim życiu".

W tym ćwiczeniu chodzi o to, żeby nabrać przekonania, że ta inna osoba rzeczywiście istnieje, już teraz, gdzieś sobie chodzi i dokładnie jak ty – w tym momencie, w tej sekundzie – oddycha i żyje. Dzięki temu ćwiczeniu twoja „partnerka" staje się w twojej świadomości powoli, acz niezawodnie, realną postacią. Staje się normalnym, żywym człowiekiem i przestaje być nieosiągalną istotą, która miałaby się wyłonić z nicości, żeby tylko ciebie uszczęśliwić.

Dzięki temu, że powoli rozwija się w tobie świadomość istnienia partnerki, możesz w swoim codziennym życiu więcej uwagi poświęcić ludziom, którzy są wokół ciebie, żeby spotykać się z nimi z pełniejszym zainteresowaniem i większą otwartością. W istocie niemal każda osoba mogłaby przecież być twoją partnerką lub ci ją przedstawić!

Prezent dla przyszłego partnera

Ćwiczenie

Zrób własnoręcznie jakiś prezent dla swego przyszłego partnera. Może to być coś, co reprezentuje jakąś twoją cechę, którą chcesz się z nim podzielić lub po prostu coś, co ci się podoba. Następnie połóż ten prezent w miejscu, w którym będziesz go często widzieć. Za każdym razem, gdy spojrzysz na niego, przypomnij sobie: „To dla mojego przyszłego partnera". Wykonaj przy tym jednocześnie od serca gest dawania, pozdrowienia.

Możesz oczywiście kupić prezent, zamiast sama majsterkować. To z kolei daje ci inne możliwości i łączy się z nowymi przygodami. Wyobraź sobie, że swego życiowego partnera poznałaś już dawno temu i że już od dłuższego czasu jesteście razem. A w nadchodzącym tygodniu są jego urodziny i ty chcesz mu kupić prezent.

Idź zatem do miasta z wyobrażeniem kupienia dla niego pięknego i oryginalnego prezentu urodzinowego. Poszperaj w znanych ci sklepach a także w nowych miejscach, do których normalnie nigdy byś nie weszła. Szukaj tak długo, aż będziesz pewna, że znalazłaś dla niego właściwą rzecz. Poświęć na to dostatecznie dużo czasu. Wchodząc do sklepu, w którym personel nie ma zbyt wiele do roboty, możesz nawiązać rozmowę z ekspedientką: „Szukam prezentu urodzinowego dla mojego przyjaciela, ale nie wiem dokładnie, co mam mu podarować. Czy ma pani jakiś pomysł?".

Jeśli w odpowiedzi usłyszysz pytanie, co twojemu przyjacielowi sprawiłoby radość, to pofantazjuj sobie trochę. Wybierz coś ładnego i każ zapakować jako prezent. W domu umieść go na specjalnym miejscu. I ponownie – za każdym razem, gdy spojrzysz na pięknie zapakowany prezent – pomyśl: „To dla niego". W ten sposób witaj przyszłego partnera w swoim życiu.

Po pewnym czasie możesz podarować ten prezent na urodziny osobie z kręgu przyjaciół lub znajomych. Albo zachowaj go do czasu aż rzeczywiście znajdziesz nowego partnera i wręczysz mu go na pierwsze urodziny, które będziecie obchodzić już wspólnie.

Pomysłowi zrobienia prezentu dla przyszłego przyjaciela możesz także nadać bardziej powszedni charakter. Kupuj od czasu do czasu jakies drobiazgi dla niego. Zarezerwuj w domu miejsce przeznaczone na te prezenty, postaw tam kwiaty. Bukiet kwiatów to tylko jedna z wielu możliwości. Możesz pomyśleć o małych niespodziankach, na przykład tabliczce wyśmienitej czekolady, czasopiśmie lub pięknej kartce. Kwiaty, gdy zwiędną, po prostu wyrzuć, czekoladę podaruj innej osobie – bez znaczenia czy mężczyźnie czy kobiecie. Czasopismo możesz sobie sama poczytać po kilku tygodniach lub oddać nieczytane przyjaciółce lub przyjacielowi.

Sensem tego ćwiczenia nie jest przechowywanie prezentów w wielkich kufrach, aby je potem uroczyście wręczyć wybrańcowi, gdy go już naprawdę znajdziesz. Dałoby to raczej skutek odwrotny od zamierzonego. Sensem tego ćwiczenia jest raczej nawiązanie kontaktu z przyszłym partnerem. W końcu ten partner już gdzieś na tym świecie istnieje – nawet jeśli go teraz jeszcze nie znasz.

Rytuał

Chcąc zrobić z tego ćwiczenia mały rytuał, możesz ten prezent w wyobraźni za każdym razem z całą uważnością i w pełnym skupieniu zaoferować duszy nowego partnera. W ten sposób dajesz mu nie tylko prezent, lecz także miłość i szacunek. Jeśli będziesz regularnie wykonywała ten mały rytuał i za każdym razem witała swego przyszłego partnera w swoim życiu, wpłynie to na twoje nastawienie wobec innych ludzi. Każdy mężczyzna, którego spotkasz i który uchodzi za ewentualnego partnera, będzie wtedy świadomie i nieświadomie odbierał sygnały, że masz dla niego miejsce i masz mu coś do dania.

Tajemnicza statuetka

Wszelkie fantazje na temat „idealnej partnerki z moich marzeń" są pułapką. Szczegółowe wyobrażenia na temat nieznanej osoby mogą być jedynie odzwierciedleniem siebie samego. To stworzona przez ciebie odpowiedź na twoją wewnętrzną pustkę, na twoje białe plamy, które idealnie dopasowują się do twoich własnych potrzeb.

Gdy często odmalowujesz sobie, jaka ma być ta twoja partnerka, wówczas zachodzi niebezpieczeństwo, że w momencie, w którym naprawdę spotkasz drugą osobę, oceniać ją będziesz według tego, na ile wypełnia wcześniejsze założenia i czy może skompensować twoje niedostatki. Ale jeśli naprawdę chcesz pozdrowić drugą osobę jako partnerkę w swoim życiu, to nie powinieneś cały czas sprawdzać, czy ona faktycznie może spełnić wszystkie twoje życzenia. Jeśli to robisz, tracisz wszelkie szanse wyrobienia sobie prawdziwego obrazu tej osoby. Widzisz drugą osobę przez własne okulary, ona to czuje i prawdopodob-

nie tak szybko zakończy waszą znajomość, jak szybko ją zaczęła. Nie oznacza to bynajmniej, że masz rezygnować ze wszystkich życzeń. Nie stawiaj ich tylko jak muru między tobą a ewentualną partnerką.

Prawdopodobnie nigdy nie będziemy w stanie w pełni zrozumieć drugiego człowieka. Zawsze będą jakieś niespodzianki. Wchodzenie w związek z drugą osobą ma więc w sobie element ryzyka. Te niespodzianki, nieznane strony, wnoszą ze sobą zarówno pozytywne, jak i negatywne aspekty…

Ćwiczenie

A więc czego właściwie szukasz: kogoś, kto dokładnie odpowiada twoim wyobrażeniom i oczekiwaniom, stale działa przewidywalnie, ale z tego właśnie powodu najprawdopodobniej szybko ci się znudzi? A w rzeczywistości prawdopodobnie nie da się w ogóle znaleźć! Czy osoby, u której wciąż będziesz mógł odkrywać coś nowego i nieznanego?

Nie patrz na drugą osobę jak na zagrożenie z powodu nieznanych i zaskakujących aspektów. Dlatego ustaw jej statuetkę – kup albo sam zrób w tym celu małą figurkę, która jest jeszcze surowa lub nieoszlifowana, tak jak by nie była jeszcze gotowa. Może być zrobiona z drewna lub z innego materiału. Ważne, żeby nie odpowiadała wszystkim twoim ideałom piękna, ale z drugiej strony nie odstraszała i nie odpychała. Przeciwnie, ta figurka powinna cię fascynować.

Niezależnie od tego, czy sam ją wykonasz, czy kupisz, zmień ją w taki sposób, żeby stała się wizerunkiem nieznanej ci siły. Pozwól jej, żeby stała się samodzielną osobowością o własnej aurze. Ustaw tę rzeźbę na szczególnym miejscu. Medytuj od czasu do czasu przed nią i pozdrów to, co ona dla ciebie symbolizuje i reprezentuje. Rozmawiaj z tą ikoną, tak jakby była w bezpośrednim kontakcie z przyszłym partnerem. Powiedz, że uznajesz jej „inność" i że uważasz to za punkt wyjścia dla waszego związku. Pamiętaj, że wychodzące na jaw coraz to nowe aspekty ciebie samego mogą być dla niej również zaskoczeniem. Daj do zrozumienia, że chcesz czuć szacunek i bliskość, bez traktowania drugiego człowieka jedynie jako źródła kompensacji własnych życzeń czy kompleksów. Spójrz na tę figurkę i zaakceptuj, że druga osoba zawsze pozostanie kimś innym. Nawet jeśli będzie wam dane zbliżyć się i zrosnąć ze sobą, ryzyko i niespodzianki pozostaną zawsze nieodłączną częścią związku. Na koniec podaruj jej coś specjalnego – własną tożsamość i niepowtarzalność!

Śladami Pana Właściwego

Wyobraź sobie atrakcyjnego partnera i zastanów się, jakie kryteria musi on spełniać. Ale nie myśl o standardowym obrazie wyidealizowanego księcia na białym koniu, lecz pozostań realistką.

Ćwiczenie

Zaproś w wyobraźni tego partnera do swojego mieszkania i wyobraź sobie, że przechadza się przez twój pokój a ślady jego stóp pozostają na podłodze, jak gdyby pod jego podeszwami była fluorescencyjna farba. Pójdź za tym partnerem w myślach i krocz jego śladami, które wytyczają nową drogę. Następnie odmaluj sobie, że on opuszcza twoje mieszkanie i wychodzi na zewnątrz. Dokąd idzie w twojej wyobraźni? Do restauracji? Do której? Albo gdzie rano czyta gazetę? Jakie ma zainteresowania i gdzie się im oddaje? Gdzie robi zakupy?

Wypisz wszystkie szczegóły i użyj tych informacji do tego, żeby w realnym życiu odszukać kilka tych miejsc. Idź naprawdę do sklepów, w których twój wyobrażony partner robi zakupy. Odwiedź kawiarnię, w której on w twojej wyobraźni pije kawę. A jeśli jesteś we właściwym nastroju, to może w tych miejscach uda ci się nawiązać kontakt z ludźmi, których jeszcze nie znasz.

Chroń swoją przyszłą partnerkę

Każdy człowiek posiada zdolność ranienia drugiej osoby. Czy ona faktycznie się ujawni albo nie, czy jest widoczna, czy też drzemie pod powierzchnią, to już inna sprawa. Jednak generalnie każdy człowiek może się pogubić w gwałtownych kłótniach, ślepej złości, nieustannym obwinianiu, uporczywym niesłuchaniu drugiego lub umyślnym nierozumieniu rozmówcy i tym podobnych starciach.

Przede wszystkim, gdy ludzie żyją razem i blisko siebie, jak na przykład w związku małżeńskim lub w stałym wolnym związku, zdarzają się raz po raz momenty, w których najchętniej rozerwalibyśmy partnera na drobne kawałki i wyrzucili przez okno. Obezwładniająca złość i nienawiść rzadko przyczyniają się jednak do rozwoju związku. W większości przypadków niestety wzmacniają tylko wzorce i przekonania, przez które ludzie oddalają się od siebie i rozchodzą.

Rytuał

W tym ćwiczeniu sporządzisz wizerunek swojego destrukcyjnego oblicza. Pomyśl o momentach w twoim życiu, w których byłeś w stanie szalejącej złości lub nienawiści i najchętniej jakiejś osobie (lub wielu osobom) skoczyłbyś do gardła. Być może były sytuacje, w których nie tylko miałeś ochotę, lecz rzeczywiście kogoś uderzyłeś lub w inny sposób zraniłeś. Sporządź teraz obraz tej części w sobie, która jest w stanie rozerwać kogoś na strzępy, gdy ci wejdzie w drogę lub podejdzie za blisko. Możesz sobie taki obraz namalować lub wykorzystując zdjęcia czy ilustracje, stworzyć collage albo ulepić coś z gliny. Gdy będziesz gotowy i nadasz już jakąś formę tej destrukcyjnej, niszczycielskiej sile w tobie, która nie zwraca uwagi na innych, przejdź do następującego rytuału.

Popatrz na obraz destrukcyjnego oblicza w tobie jako rzeczywistej części samego siebie. Rozmawiając z nią, nazywaj ją swoim własnym imieniem. Powiedz, że nie pozwalasz jej sobą kierować i że to ty trzymasz wodze w ręku. Oczywiście ten aspekt może nadal ci służyć, wskazując na twoje niezadowolenie, ale postanów, że nie pozwolisz mu już więcej na niekontrolowane zadawanie ciosów i stosowanie przemocy. Przy czym forma przemocy nie ma znaczenia – naprawdę nie ma znaczenia, czy jest bezpośrednia lub pośrednia, jawna albo ukryta.

A teraz wyobraź sobie, że twoja przyszła partnerka stoi obok ciebie. Przedstaw jej obraz swego wewnętrznego monstrum. Wyjaśnij jej, że ta część siedzi w tobie, ale zdecydowałeś się nie puszczać jej w żadnym wypadku i pod żadnym pozorem. Powiedz przyszłej partnerce, że postanowiłeś ją chronić przed bezpośrednimi i pośrednimi atakami przemocy twojego wewnętrznego potwora.

Następnie daj obrazowi wewnętrznego potwora miejsce w swoim mieszkaniu. Może masz ołtarz rodzinny lub inne miejsce, gdzie możesz usiąść w spokoju. Możesz ten obraz ustawić tak, aby był widoczny, albo przeciwnie, możesz świadomie zakryć go chustą. Daj portretowi godne miejsce i zrób od czasu do czasu następujące ćwiczenie.

Ćwiczenie

Popatrz na tę formę czystej nienawiści i wewnętrznie odczuwanej złości. Wróć w pamięci do sytuacji, w której w ten czy inny sposób dawałeś albo chciałeś dać wyraz swojej destruktywnej sile. Być może nakrzyczałeś na kogoś, chociaż ten ktoś był zupełnie niewinny albo totalnie eksplodowałeś po jakimś błędzie ze strony ekspartnerki. Przypomnij sobie to przeszłe zdarzenie ze wszystkimi szczegółami.

Przyjrzyj się po wielokroć wewnętrznemu obrazowi tej sytuacji jak na filmie, który przewijasz do początku i wciąż od nowa oglądasz. Ale teraz zmień zakończenie. Przejmij kontrolę nad wszystkim, co się dzieje i nie pozwól destruktywnej wewnętrznej sile sobą kierować. Weź teraz ster w swoje ręce i uchroń tę osobę z przeszłości, która wówczas padła ofiarą twojego szaleństwa, twojej agresji. Jeżeli w przeszłości rzeczywiście kogoś uderzyłeś, to przejdź w pamięci przez wszystkie momenty, które doprowadziły do tego wybuchu, ale przerwij ten film tuż przed decydującym momentem.
Zatrzymaj tę historię i wyjdź ze swojej roli, ażeby tym razem nie zadać ciosu. Zamiast tego powiedz do osoby w swojej wyobraźni: „Mógłbym cię teraz uderzyć, ale nie zrobię tego". Następnie odwróć się od niej na pewien czas, pójdź na przykład na spacer, aż wszystko znów się trochę uspokoi, a ty będziesz ponownie w stanie skonfrontować się z drugim człowiekiem.
Wczuj się zatem we wszystkie szczegóły z przeszłości, ale zachowaj prawo dania temu zdarzeniu innego zakończenia. Powiedz dobitnie co jest dla ciebie ważne, ale nie dopuszczaj się wobec drugiej osoby ani werbalnego ani cielesnego aktu przemocy i nie obwiniaj jej niepotrzebnie. Ćwicz się w tym, żeby traktować swoich bliźnich z większym szacunkiem i właściwie się z nimi komunikować.
Jeśli miałeś w przeszłości partnerkę, która cię świadomie lub nieświadomie prowokowała i próbowała doprowadzić do białej gorączki, to możesz teraz ten związek ostatecznie w sobie zakończyć, nawet jeśli trwał on jeszcze wiele lat, zanim w rzeczywistości się na to zdobyłeś. Załatw w swej wyobraźni sprawę, mówiąc: „Nie pozwolę dłużej doprowadzać się do szaleństwa i prowokować do stosowania przemocy. Odchodzę".

Gdy wykonasz to ćwiczenie kilka razy i zamienisz w wyobraźni trudne wspomnienia na *happy end*, zauważysz, że tworzy się w tobie wewnętrzna równowaga. Przekonasz się, że masz wybór i staniesz się świadomy swoich możliwości w zachowaniu samokontroli. Na tym etapie możesz już usunąć obraz przedstawiający agresywny aspekt ciebie samego. Możesz go zniszczyć lub zachować na pamiątkę, stosownie do tego, co ci bardziej odpowiada.

Pozwól się odnaleźć

Ćwiczenie

Na podłodze w odległości około 4 metrów połóż dwie poduszki lub dwa inne przedmioty jako znaczniki. Między nimi biegnie prosta linia. Ta linia symbolizuje linię życia mężczyzny, który nadawałby się na partnera dla ciebie.
Stań na jednym końcu tej linii życia i powiedz: „To jest punkt, w którym urodził się mężczyzna, który nadaje się na partnera dla mnie". Możesz oczywiście użyć innych słów, które lepiej wyrażają to, co czujesz, stojąc w tym miejscu.
Przejdź teraz na drugi koniec wyobrażonej linii i stój tam przez chwilę spokojnie: „W tym miejscu fantastyczny mężczyzna, który nadaje się na mojego życiowego partnera, znajduje swoje wielkie szczęście. Tutaj znajduje miłość, tutaj znajduje swoją partnerkę".
Następnie opuść ten punkt i stań kilka kroków z boku. Z tego punktu popatrz na tę linię i na dwa zaznaczone punkty. Po jednej stronie leży punkt, w którym on rodzi się, po drugiej zaś punkt, w którym znajduje partnerkę. Pomiędzy tymi punktami przebiega droga jego życia, dzień po dniu, chwila po chwili. Tak samo jak ty szukasz w życiu partnera, tak samo szuka też ten mężczyzna, dla którego wytyczyłaś linię życia. Musisz zatem zadbać o to, żeby stać się jego partnerką, przy której on może znaleźć szczęście.

Dlatego teraz z pełnym zdecydowaniem zrób krok do przodu i stań na tej linii. Stań w punkcie, który nie jest zbytnio oddalony od punktu, w którym partner znajdzie swoje wielkie szczęście i popatrz w kierunku jego narodzin. Wyobraź sobie, że się do ciebie teraz zbliża, ale przy tym wcale ciebie nie szuka. W końcu nie zna ciebie wcale i nie wie nic o swoim wielkim szczęściu, które go czeka. Szuka partnerki w ogóle. Ty stanęłaś na środku linii życia i teraz sobie wyobrażasz, jak on szukając swego szczęścia, sam z własnej woli spotyka się z tobą. W tym momencie, w którym się spotykacie, powiedz do niego: „Pozwalam się odnaleźć. Przez ciebie".

Praca w terenie

Ćwiczenia zebrane w tym rozdziale zapraszają cię do tego, żeby w nowy sposób spojrzeć na siebie i swoje zachowania, a następnie zakasać rękawy i rzeczywiście zacząć działać. Będziesz mieć zatem okazję, żeby w niektórych dziedzinach swojego życia zmienić coś w sposobie, w jaki zwykle działasz i reagujesz.

Prawdopodobnie nie złowisz od razu nowego partnera, ale za pomocą tych ćwiczeń będziesz mieć okazję do poeksperymentowania z różnymi rodzajami nawiązywania kontaktu. Zważaj przy tym dobrze na swoje granice i nie działaj pochopnie. Gdy pracujesz z ćwiczeniami, w których chodzi o rozszerzenie granic – niezależnie od tego, jak minimalne są to zmiany – możesz oczekiwać dwojakich rezultatów. Najpierw pozytywnych: zauważysz prawdopodobnie, jak łatwo coś zmienić lub stworzyć trochę więcej przestrzeni i po prostu coś przetestować. Drugi rezultat nie jest ani pozytywny ani negatywny lecz po prostu jest faktem. Zauważysz, że nawet prosta zmiana może w tobie wywołać głębokie skutki! I przy tym nie da się przewidzieć, co z tego wyniknie. Dzięki tym ćwiczeniom mogą pojawić się w twoim życiu uskrzydlające momenty, ale równie dobrze może się zdarzyć, że znajdziesz się w nowej, nieznanej sytuacji, w której poczujesz się bardzo niepewnie.

Jeśli będziesz zachowywać się inaczej niż zazwyczaj, wtedy też sposób, w jaki inni na ciebie reagują, zmieni się. Niektóre reakcje będą ci się prawdopodobnie bardzo podobać, ale w innych momentach ludzie będą reagować na twoje nowe wzorce zachowań obojętnie albo nawet w sposób nieprzyjemny. Traktuj wszystkie zaprezentowane tu ćwiczenia jako eksperymenty i pamiętaj, że rezultatu nigdy nie da się z góry przewidzieć lub nie jest on wcale taki pewny.

Kiedy rzeczywiście wyruszysz w świat, żeby wykonać to lub inne ćwiczenie, zastanów się najpierw, co zrobisz, jeśli nie sprawi ci ono radości albo z jakiegoś powodu nie będziesz się po nim dobrze czuła. Przygotuj sobie plan awaryjny, pomyśl zawczasu, jak w takim przypadku możesz wrócić do domu i umów się z dobrą przyjaciółką lub przyjacielem, że będziesz mogła do nich zadzwonić, żeby porozmawiać o swoich doświadczeniach – niezależnie od tego, czy będą pozytywne, czy negatywne.

Ale nie bądź też z kolei zbyt wystraszona i ostrożna. Jeśli całe życie będziesz żyć jak dotąd, to nic się nie zmieni. Nawet małe zmiany mogą przynieść duży efekt. I pamiętaj: do odważnych świat należy! Dopóki obiema nogami stoisz twardo na ziemi – nie ryzykujesz zbyt wiele, a przeżyjesz z całą pewnością kilka bardzo inspirujących i zaskakujących momentów. Zacznij ćwiczenia i pamiętaj o wskazówkach i radach. Fakt, że bez stresu będziesz się uczyć nawiązywania kontaktów z innymi ludźmi, wywrze pozytywny wpływ na wiele sytuacji. Z czasem zyskasz większą pewność i odwagę, żeby zagadnąć inne osoby, a tym samym zdobyć więcej szans na spotkanie nowego partnera.

Na ulicy

Ćwiczenie

Wybierz się razem z przyjaciółką lub przyjacielem do miejsc, w których przebywa wystarczająco dużo ludzi, których możesz zagadnąć, o coś zapytać i z którymi możesz nawiązać krótką rozmowę. Może to być duży dom towarowy, zoo, park rozrywki lub po prostu centrum miasta. Zagadnij obcą osobę i przeprowadź z nią krótki dialog. Możecie w tym celu wyposażyć się na przykład w plan miasta i pytać o drogę. Zapytaj przechodnia, czy zna taką a taką restaurację, której właśnie szukasz. A może zna jeszcze podobne miejsca?

Twój przyjaciel niech stoi oddalony o kilka metrów i dyskretnie cię obserwuje, tak żeby osoba, z którą rozmawiasz, nie wiedziała, że jesteście razem. Po rozmowie z nieznajomym podejdźcie do siebie i omówcie, jak było. Czy byłeś otwarty, mrukliwy, przyjazny, uprzejmy? Jaka była reakcja napotkanej osoby, pozytywna czy odmowna? Najpierw opisz, jakie było to dla ciebie, a następnie niech twoja przyjaciółka/twój przyjaciel ci opowie, jak to wyglądało z jej/jego perspektywy.
Możecie także zamienić się rolami, przyjaciółka/przyjaciel zagadnie obcą osobę, a ty będziesz obserwował i patrzył, jak jej/jemu idzie. Zwracaj uwagę na język ciała, głos, ruchy i inne rzeczy, które wydadzą ci się ważne.
Gdy twój przyjaciel zauważy, że na przykład zwracając się do kogoś zwykle napinasz ramiona i unosisz je lekko do góry, wtedy przy następnej próbie nawiązania kontaktu możesz świadomie spróbować je rozluźnić. Jeśli zauważysz, że twoja przyjaciółka zawsze zaciska pięści, gdy robi się nerwowa, możesz jej to powiedzieć.
Nie chodzi zatem o jakieś wielkie rzeczy, lecz o trudno zauważalne detale, których sami sobie nie uświadamiamy, gdy jesteśmy pochłonięci rozmową z drugą osobą.

Traktuj całość jako zabawę, a przeżyjecie popołudnie pełne niespodzianek. Próbuj wciąż od nowa i obserwuj też reakcje osoby, którą zaczepisz. Czy w rozmowach jest jakiś punkt, w którym druga osoba szybko kończy rozmowę? Czy to wynika z twojego zachowania lub zachowania twojej przyjaciółki/twojego przyjaciela? Sprawdźcie też za każdym razem, czy twój obraz rozmowy zgadza się ze spostrzeżeniami twojego obserwatora. Dopóki ci ktoś nie powie, gdzie są ewentualne słabe punkty w twoim sposobie nawiązywania kontaktu, możesz sądzić, że wszystko jest w najlepszym porządku. Ale wtedy nie masz szans na zmianę i poprawienie czegoś w swoim sposobie prezentacji siebie.

Gra w kości

Za pomocą niniejszego ćwiczenia wejdziesz w bezpośredni kontakt z przynajmniej dwudziestoma lub trzydziestoma osobami!

Ćwiczenie

Żeby się przygotować do tego spotkania, potrzebujesz tylko długopisu, kartki papieru i kostki do gry. Wypisz różne pytania. Do każdego pytania wykonaj rzut kostką do gry.

- Z iloma nieznanymi mężczyznami zacznę dziś wieczorem rozmowę? Rzut kostką: trzy.
- Z ilu zdań musi się składać rozmowa? Rzut kostką: Pięć.
- Ilu mężczyzn dziś zagadnę? Rzut kostką: Sześć.
- Ilu z nich musi nosić okulary? Rzut kostką: Dwa.
- Ilu ludzi mam dotknąć, nawet jeśli to będzie tylko podanie ręki? Rzut kostką: Trzy.

W ten oto prosty sposób sama ustalasz sobie kilka zadań. Gdy zgromadzisz dostateczną ich liczbę, możesz wyjść z domu. Nie zapomnij kartki z zadaniami włożyć do kieszeni lub do portfela. I świadomie podejmij ryzyko wykonania wszystkich tych zadań! Być może będziesz musiała czasami zniknąć na chwilę w toalecie, żeby rzucić okiem na kartkę i przypomnieć sobie, co jeszcze przed tobą.

Nie chodzi o to, żeby za pomocą tych zadań znaleźć odpowiedniego partnera, lecz po prostu przełamać swoje dotychczasowe wzorce zachowań i obserwować, jakie nowe zachowania są możliwe i jak inni na nie reagują. Dlatego nie ma znaczenia, czy ludzie, do których się zwracasz, są mężczyznami czy kobietami, czy wydają ci się interesujący jako ewentualni przyszli partnerzy, czy też nie. W tym ćwiczeniu wszystko kręci się wokół ciebie i twojego sposobu zachowania się wśród ludzi.

Bądź kreatywna i szukaj rozmaitych okazji, żeby poeksperymentować z tym zadaniem. Możesz na przykład iść na wystawę lub targi, ponieważ jest tam zawsze sporo różnych osób, które możesz zagadnąć. Użyj znów kostki do gry: z iloma ludźmi mam nawiązać rozmowę o malarstwie? Trzy...

Gdy zaczniesz regularnie praktykować pierwszy kontakt, szybko zauważysz, że idzie ci dużo łatwiej, niż mogłabyś na początku przypuszczać. Wszystko, co musisz zrobić, to zacząć.

A jak inni nawiązują kontakty

Jest wiele okazji, przy których obcy ludzie nawiązują ze sobą kontakt i zaczynają krótką rozmowę: u piekarza, w pobliskim sklepie osiedlowym, na rogu ulicy, w foyer w czasie przerwy, na przyjęciu, w pociągu, na plaży. Są też okazje, przy których nie tak łatwo nawiązać kontakt. Trochę trudniej zwrócić się po raz pierwszy do obcej osoby na przykład przy barze lub w dyskotece.

Ćwiczenie

Odwiedź różne miejsca, w których łatwo jest nawiązać kontakt i obserwuj dokładnie, co się przy tym dzieje. Jak postępują ludzie, gdy zbliżają się do obcej osoby i rozpoczynają rozmowę? Na jaki sposób nawiązania kontaktu reakcja jest pozytywna? A jak inni odrzucają zaproszenie, jak odpowiadają na pytanie? Dostrzeż różne formy w tej grze, jaką ludzie toczą, aby nawiązać ze sobą kontakt. Nie jest ważne przy tym, jaki jest motyw tych kontaktów. Usiądź po prostu na dworcu obok okienka z biletami międzynarodowymi i obserwuj, przy jakich klientach kasjerka uśmiecha się życzliwie, a przy jakich być może w ogóle nie reaguje. Jaki jest powód takiej reakcji? Usiądź na całe popołudnie w czytelni w bibliotece i obserwuj, jak przebiegają rozmowy między pracownikiem w punkcie informacyjnym a czytelnikami.

Zdobędziesz w ten sposób przegląd różnych sposobów zachowania ludzi przy nawiązywaniu kontaktu. Wykorzystaj je. Co funkcjonuje dobrze, a co – niezależnie od sytuacji – jest zbędne przy pierwszym kontakcie? Co innych odpycha? Co sprawia, że ludzie otwierają się na siebie? Co jest przyjemne, a co nie? W którym momencie ludzie mogą spokojnie schować broń, a kiedy wyciągają miecz do walki?
Następnie porównaj zebrane informacje ze swoim własnym zachowaniem. Które z obserwowanych zachowań mogą cię nauczyć czegoś pozytywnego? Co możesz poprawić w swoim sposobie nawiązywania wstępnego kontaktu? Zastosuj te obserwacje w codziennym życiu, gdy następnym razem zagadniesz obcą osobę. Obserwuj wnikliwie swoje reakcje oraz różnice w swoim sposobie przeżywania. Wprowadzenie minimalnych zmian może spowodować wielki postęp!

Teraz albo nigdy!

Wielu z nas ma określone życzenia i potrzeby, których nie bierze w gruncie rzeczy poważnie. Na przykład jest film, który chcesz koniecznie zobaczyć, ale wczoraj padało, a dziś po prostu nie masz czasu, ponieważ musisz jeszcze wykonać kilka telefonów. Tak jest każdego dnia, aż wreszcie nie możesz obejrzeć tego filmu, ponieważ już zszedł z ekranu. Jeśli się temu przyjrzeć i dobrze się nad tym zastanowić, to szanse i możliwości nie są nam bynajmniej dane w nieskończoność. Być może skłoni cię to do podjęcia zupełnie innych decyzji. A wówczas przystąpisz do działania z większą energią niż pierwotnie.

Ćwiczenie

Pomyśl sobie na przykład, co by się zmieniło, gdybyś się dowiedziała, że za dwa tygodnie wyjeżdżasz na biegun południowy. Co byś w tym czasie zrobiła? Co chciałabyś przeżyć? Jeśli naprawdę wczujesz się w tę sytuację, wtedy nawet codzienne zakupy na kolację staną się czymś specjalnym. Myśl o skończoności rzeczy lub o wyjątkowości każdej sytuacji może otworzyć twoje zmysły na drzemiące szanse i możliwości.

Albo wyobraź sobie, że już tylko dwa dni możesz używać swojego głosu, a potem przez rok nie będziesz umiała powiedzieć ani słowa. Prawdopodobnie wtedy zagadnęłabyś wielu ludzi i chętnie byś śpiewała. Brzmienie twojego głosu zacznie mieć wtedy w sobie coś wartościowego. A co by było gdybyś od następnego tygodnia już nie mgła prosto stać? Wtedy czekanie w kolejce do kasy w supermarkecie stałoby się niezapomnianym przeżyciem.
Za pomocą takich prostych wyobrażeń możesz sobie uświadomić, że przede wszystkim od ciebie zależy, jak zachowujesz się w określonej sytuacji i jak się przy tym czujesz. I zobaczysz, że to ty możesz mieć na to wpływ w każdej chwili. Gdy czujesz się fantastycznie, większość ludzi też reaguje zachwytem i radością. A gdy jesteś zdenerwowana i rozdrażniona, wtedy inni woleliby cie raczej nie widzieć.
Wykorzystaj więc to podejście i obróć na swoją korzyść. Wyobraź sobie, że jeszcze tylko trzy dni będą istniały publiczne środki komunikacji. Wsiądź po pracy do przepełnionego autobusu, a twoja twarz będzie wówczas promieniała, ponieważ będziesz się cieszyć ostatnią jazdą autobusem. Tworząc te wyobrażenia, możesz zacząć krótką rozmowę z osobą obok: „Wspaniała jest taka jazda. Czy nie uważa pan, że siedzenia są bardzo wygodne?". Kto wie, może niespodziewanie rozwinie się z tego całkiem interesująca rozmowa. „W centrum można pięknie sobie spacerować, czy pan też tak uważa?". Jedziesz sobie, jesteś zadowolona i czujesz się dobrze, ponieważ dzięki twojej wyobraźni sytuacja stała się czymś specjalnym. Kierując się tym pozytywnym uczuciem nawiąż kontakt z innymi ludźmi.

Ach, nie wypada

Jest wiele rzeczy, które właściwie są całkiem niewinne, ale większość ludzi ich nie robi, ponieważ „nie wypada" lub ponieważ nie są do nich przyzwyczajeni, nie zostali tak wychowani: zamiast spódnicy za kolana, zjawić się na przyjęciu w minispódniczce w połączeniu z szykownym żakietem. Albo przy kasie nic nie mówiąc, położyć pięćdziesiąt centów, gdy osoba przed tobą zdaje się nie mieć dość pieniędzy przy sobie i brakuje jej drobnych. Albo komuś na przystanku spontanicznie zadać zagadkę.

Ćwiczenie

Przez pewien okres świadomie podążaj za tego typu impulsami i próbuj je włączać do swojego życia. Chodzi przy tym o małe rzeczy, przez które nikt się nie poczuje zraniony, które jednak wymykają się przyjętym normom, nie tworzą utartych wzorców. Miej oczy otwarte i gdy się pojawi sytuacja zrobienia czegoś w tym rodzaju, wtedy podejmij ryzyko i po prostu zrób to!

Idź w tym celu do miejsc, do których normalnie nie chodzisz, żeby naprawdę mieć swobodę eksperymentowania, tam możesz być anonimowy. Gdy nie masz odwagi sam, poproś przyjaciela lub przyjaciółkę, żeby ci towarzyszyli lub poeksperymentowali razem z tobą.

Inne możliwości: zaproponuj komuś pomoc w niesieniu torby lub potrzymaniu dziecka, gdy ten ktoś otwiera zamek w samochodzie. Gdy słyszysz, że ktoś przechodzi obok gwiżdżąc, zaśpiewaj po prostu razem z nim... Wykorzystaj każdą możliwość, żeby nawiązać kontakty pojawiające się w różnych sytuacjach i przez chwilę pozwól sobie nieco wykroczyć poza schemat. Ale pamiętaj, żeby nikogo przy tym nie ranić.

Słuchaj swojej intuicji

Wielu ludzi wierzy, że jest coś takiego jak *Wyższe ja*, że dysponują intuicją lub że istnieje duchowa siła czy inteligencja, która nimi kieruje i pomaga. Użyj tej siły w niniejszym ćwiczeniu w bardzo konkretny sposób i zobacz, co to przyniesie. Daj się prowadzić *Wyższemu ja*, swojej intuicji lub aniołowi stróżowi.

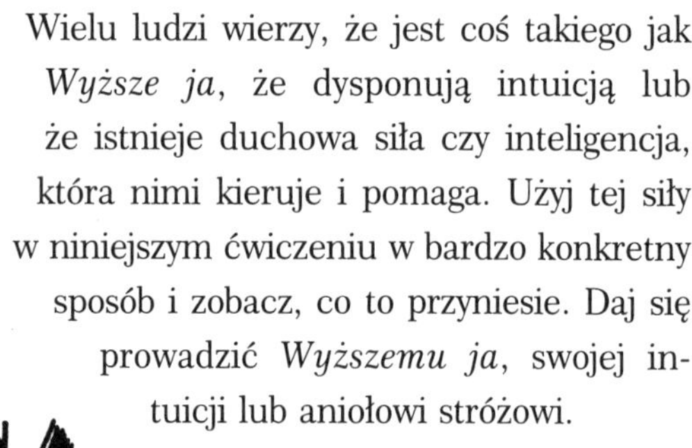

Ćwiczenie

Gdy następnym razem zostaniesz zaproszona na jakieś święto, przyjęcie lub znajdziesz się w miłym gronie z innej okazji, przygotuj się do tego, zwracając się do tej siły: „Ty widzisz więcej niż ja, potrzebuję twojej pomocy, skieruj mnie do potencjalnego partnera, wskaż mi osobę, z którą mogę nauczyć się potrzebnego mi sposobu zachowania, żeby znaleźć właściwego partnera".

Potem już tylko zaufaj sobie. Odczuwasz impuls, żeby pójść lewo? Uczyń tak. Czujesz magiczną siłą ciągnącą cię do kuchni? Po prostu tam idź. Nie sprawdzaj przy każdym kroku, czy dany ruch rzeczywiście ma coś wspólnego z ewentualnym nowym partnerem. Kieruj się bezpośrednio – ale w sposób społecznie akceptowalny – impulsami, które odczuwasz. I daj się zaskoczyć!

Czy masz uczucie, że chcesz rozpocząć rozmowę z określonym mężczyzną? Uczyń to, nawet jeśli nie jest to mężczyzna twoich marzeń. Jeśli intuicja podpowiada ci, żeby nawiązać z nim kontakt, spróbuj po prostu i poczekaj, dokąd cię to zaprowadzi. Być może okaże się, że on jest bratem atrakcyjnego mężczyzny tam w rogu.

Ale pamiętaj: nie rób żadnej rzeczy, która mogłaby wpędzić cię w tarapaty. Nie zapraszaj tego okropnego faceta do domu, nawet jeśli jesteś przekonana, że mimo wszystko musi w nim być coś dobrego. Twoja intuicja być może jest w stanie wszystko odebrać, ale to ty jesteś osobą, która dane działanie wykonuje, odpowiada za nie i sama wyznacza granice.

Traktuj poważniej pierwsze sygnały

To nie jest ćwiczenie, tylko mała wskazówka. Wielu ludzi nie poświęca wystarczającej uwagi sygnałom, które otrzymują. Nikt nie lubi czuć się odrzucony i dlatego pierwsze sygnały, które wysyła, najczęściej są bardzo ostrożne i powściągliwe. Właściwie każdy by ci chętnie pokazał, że jest singlem i uważa cię za interesującego, ale powstrzymuje się z czystej nieśmiałości. Dlatego pierwszy kontakt często pozostawia nas w niepewności: czy ktoś rzeczywiście chce, czy nie chce ci coś wyraźnie dać do zrozumienia? Zaczynasz wątpić w siebie i myślisz, że być może tak ci się tylko wydaje i że to pewnie z tęsknoty. Z powodu takich nieporozumień przepadają liczne szanse.

Dlatego wyjdź z założenia, że ludzie zawsze wysyłają sygnały, po których możesz poznać, czy są do dyspozycji jako partnerzy, czy nie. Zaufaj temu, że ewentualne znaki zainteresowania są rzeczywiście poważnymi sygnałami. Traktuj swoją percepcję trochę poważniej i śmielej kieruj się w działaniu swoimi odczuciami.

Czy naprawdę uważasz kobietę z naprzeciwka za interesującą? Wtedy przełam swoje zahamowania i podejdź do niej. Ale zaufaj też sygnałom, które ci bezpośrednio wskazują, że powinieneś raczej salwować się ucieczką. Jeśli na przykład zostaniesz zagadnięty przez kogoś, kto dobrze wygląda i z pozoru ma wszystko, czego sobie życzysz, ale cichy głos w tobie mówi, że lepiej powinieneś się oddalić – odejdź, niezależnie od tego, jak trudno ci to przychodzi i skieruj uwagę na coś innego. Zaufaj temu, że sygnały mają ci rzeczywiście coś do powiedzenia. Zareaguj na nie, nawet jeśli będzie to tylko mały krok.

Podejdź do kogoś

Ćwiczenie

Wyszukaj sobie z czasopisma lub gazety zdjęcie mężczyzny, którego nie znasz, ale który podoba ci się od pierwszego wejrzenia. Piękna twarz lub sympatyczny uśmiech – wszystko jedno co to jest, co przemawia do ciebie lub budzi twoje zainteresowanie. Połóż zdjęcie na krześle i zadbaj o to, żebyś miała dostęp do niego ze wszystkich stron. Następnie wyobrażaj sobie przez chwilę, że na tym krześle jest nie tylko zdjęcie lecz prawdziwy człowiek z krwi i kości. Poczuj jego ciepło i wymyśl sobie, jakie nosi ubranie. A jak by to było dotknąć jego ubrania, poczuć jego rękę, gdy się witacie lub nawet delikatnie gładzić się po policzkach?

Jeśli osoba przed tobą przyjmie konkretny kształt, stań kilka metrów przed krzesłem. Zamknij na chwilę oczy i jeszcze raz pomyśl, że siedzi przed tobą żywa osoba. Następnie otwórz oczy, zrób krok do przodu i podejdź do tej osoby. Naprawdę wejdź w ten kontakt i podchodząc, rozmawiaj z nią... Nieważne, co powiesz, po prostu spróbuj. Gdy znajdziesz się bezpośrednio przed krzesłem – stój spokojnie. Co czujesz, jaki obraz siebie masz w tym momencie?

Cofnij się znów i tym razem stań kilka metrów od krzesła. Znów zamknij oczy i ponownie wyobraź sobie osobę na krześle we wszystkich szczegółach. Wyobraź sobie, że czujesz zapach perfum i widzisz kolor jego ubrania. Otwórz oczy i po raz drugi podejdź do krzesła. Tym razem zbliż się do tej osoby z innej strony, a także powiedz coś zupełnie innego i zachowaj się w inny sposób niż za pierwszym razem.

Powtórz ten proces po raz trzeci, czwarty i piąty: stań za każdym razem przed krzesłem, zamknij oczy, wyobraź sobie osobę na krześle, otwórz oczy i zbliż się to niej. Za każdym razem obserwuj jak się czujesz, jak reagujesz na swoje słowa i działania. Jeśli coś ci się nie podoba, zmień to przy następnej próbie. Masz pełną swobodę, eksperymentuj ze swoimi zachowaniami. Być może któregoś razu nic nie powiesz, a zamiast tego zatańczysz? Albo nawiążesz tylko kontakt wzrokowy. Raz użyjesz tylko luźnego zdania, żeby rozpocząć konwersację, innym razem powiesz natomiast coś niezwykłego: „Ty jesteś najbardziej atrakcyjnym mężczyzną, jakiego kiedykolwiek spotkałam! Jak ci się podobam?”.

Wypróbuj po prostu bardzo różne rodzaje nawiązywania kontaktu. Za każdym razem oddal się od krzesła i zbliż się do osoby z innej strony. Cały czas pamiętaj o tym, że osoba na zdjęciu naprawdę jest żywą istotą, która po prostu tu siedzi. Podejdź do niej i nawiąż kontakt. Wypowiedz swoje słowa głośno, gestykuluj i posługuj się wszystkimi środkami, jakie masz do dyspozycji.

I w ten sposób sprawdź różne możliwości nawiązywania kontaktu. Wkrótce zauważysz, że czujesz się lepiej i bardziej swobodnie a bariera podejścia do innej osoby się zmniejsza. Ponieważ za każdym razem od nowa zbliżasz się do osoby, pobudzasz w ten sposób swoją kreatywność. I kto wie, być może dzięki temu odkryjesz zupełnie nowe sposoby nawiązywania kontaktu, których poprzednio nigdy nie uważałaś za możliwe. I wtedy nic już nie będzie mogło cię powstrzymać, żeby w rzeczywistości zastosować to, czego się nauczyłaś, gdy następnym razem spotkasz atrakcyjnego mężczyznę...

Rosnąć jak drzewo

To ćwiczenie jest prostą medytacją, którą możesz wykonywać przez pewien czas. Zanim zaczniesz, poobserwuj jeszcze, jak ludzie się zachowują przy pierwszym spotkaniu. Będziesz prawdopodobnie za każdym razem mógł rozpoznać te same wzorce zachowania. Jedna osoba jest pewna siebie i wytrwała, inna wydaje się raczej niepewna lub nieobecna. Trzecia osoba jest trochę zakłopotana lub przeciwnie, bardzo bezpośrednia. U niektórych ludzi pierwsza rozmowa za długo się ciągnie, inni natomiast nie mają problemu, żeby podejść do tej samej osoby po raz drugi i trzeci, kiedy na początku kontakt nie został odwzajemniony. On/ona wie, jak można zyskać zainteresowanie drugiej osoby.

Poobserwuj kiedyś, jak inni ludzie wchodzą ze sobą w kontakt i przyjrzyj się też swojemu zachowaniu. Porównaj jedno z drugim. Co jest typowego w twoim sposobie bycia? Jak ty zbliżasz się do drugiego człowieka? Jakie wzorce powielają się w twoim zachowaniu? Jakie reakcje innych na ciebie się powtarzają? Gdy stanie się to dla ciebie jasne, wtedy prawdopodobnie będziesz wiedział, co jeszcze da się poprawić.

Być może zauważysz, że ciężko ci przychodzi prowadzenie rozmowy, która trwa dłużej niż pół minuty. Być może ludzie mają wrażenie, że za bardzo dobierasz się im do skóry czy zbyt nachalnie patrzysz na nich przy pierwszym kontakcie i w ten sposób odstraszasz.

Ćwiczenie

Zrób na potrzeby tego ćwiczenia listę cech, których jeszcze nie posiadasz lub nie opanowałeś ich dostatecznie dobrze a potrzebujesz ich przy nawiązywaniu kontaktu; cech, które chcesz u siebie zmienić, tak żeby twoje nowe kontakty mogły się rozwijać. Możesz na przykład nauczyć się utrzymywać rozmowę przynajmniej przez pięć minut i nie gapić się cały czas na ludzi ani nie wbijać wzroku w ziemię. Być może zaczniesz stawiać pytania i w ten sposób zainteresujesz się nimi, a oni poczują się poważnie potraktowani. Wybierz dwie lub trzy cechy z tej listy i w najbliższych tygodniach pomedytuj codziennie nad nimi w opisany poniżej sposób.

Wyobraź sobie, że jesteś drzewem, na którym wyrasta nowa gałąź. Możesz zobaczyć, jak ta gałąź robi się stopniowo coraz większa i rośnie w kierunku słońca. Wyobraź sobie, że ta gałąź jest jedną z nowych cech, które chciałbyś sobie przyswoić. Pozwól więc, żeby twoja zdolność nawiązywania kontaktów w nowy sposób rosła wraz z tą gałęzią. Gałąź rośnie powoli, ale stale. Drzewo nie może wypuścić gałęzi w dziesięć minut lub w przeciągu trzech dni. Dlatego daj sobie dość czasu i medytuj codziennie przez kilka tygodni. Spraw, żeby gałąź za każdym razem stawała się troszeczkę większa i silniejsza. A wraz z nią rosła w tobie ta nowa cecha, którą sobie w ten sposób przyswajasz i która staje się trwałą częścią twojej osobowości.

W czasie gdy wykonujesz tę medytację, możesz próbować – jeśli się pojawią postępy – zastosować praktycznie w codziennym życiu to, co już osiągnęłaś. Ale nie zaczynaj od ludzi, z którymi chcesz rzeczywiście wejść w związek, to na początek może być zbyt obciążające i stresujące. Eksperymentuj z osobami, które spotykasz w bibliotece, knajpce lub na basenie. Swoje doświadczenia z medytacji stosuj w praktyce, wykorzystuj różne kombinacje, żeby stopniowo poprawić wybrane elementy swojej zdolności nawiązywania kontaktów.

Dostosuj swoje cele

Prawdopodobnie znasz uczucie napięcia, które się pojawia, gdy spotykasz osobę ewentualnie nadającą się na partnera. Czy jest ona właściwa? Czy z nią się uda? Natychmiast powstaje pewne napięcie, które jeszcze się wzmacnia, gdy wszystkie nadzieje, oczekiwania i pragnienia wybuchają i mieszają się ze sobą jednocześnie. Gdy nadarza się okazja i pierwszy kontakt przebiegnie dobrze, rosną dalsze pragnienia. Chcesz więcej, więcej i więcej. Więcej spotkań, więcej wymiany, więcej bycia razem. Wtedy, od pewnego momentu, nie jest już tak przyjemnie. Nagle wszystko może się stać nieprzyjemne i wyczerpujące. Zamiast spotykać się z nim bez stresu, pojawia się napięcie i nagle znika cała spontaniczność.

Możesz zapobiec temu nagłemu otrzeźwieniu, zastanawiając się nad celami pośrednimi na ponowne spotkanie z ludźmi, których nowo poznałaś. Kiedy następnym razem znów spotkasz ewentualnego partnera, będziesz trochę lepiej panowała nad sytuacją i bardziej realistycznie radziła sobie w bezpośrednim kontakcie. Dzięki temu nie będziesz zniewolona swoimi pragnieniami, które zbytnio obciążałyby pierwsze spotkanie. Ćwicz to w codziennych kontaktach z ludźmi.

Ćwiczenie

Zakładamy, że właśnie spotkałaś miłego mężczyznę i wiesz, że chciałabyś go widywać. Możesz się przynajmniej zdecydować na to, żeby go raz jeszcze spotkać. Być może rozwinie się z tego przyjaźń lub po prostu dobry kontakt koleżeński. Przed każdym spotkaniem z tą osobą ustal, jaki jest cel tego konkretnego spotkania.

Na przykład: następnym razem, gdy zadzwoni, chcę z nim przeprowadzić niewymuszoną rozmowę o rzeczach, które dzisiaj przeżyłam. Kropka. To jest twój cel. Więcej nie jest konieczne, nic więcej nie musi się wydarzyć. Przy następnym kontakcie zadbasz o to, żeby osiągnąć inny cel. I spróbuj nie wybiegać poza wyznaczoną granicę i nie chciej więcej. Być może „więcej" wyniknie zupełnie samo z siebie – wtedy jest to całkowicie OK. Ale to nie jest konieczne.

Telefonując, posłuchaj, jak ten ktoś się ma, potem sama coś opowiedz. I gotowe. Nie przekraczaj swoich, ale też i jego granic. Jeśli będziesz się teraz ćwiczyć w robieniu małych kroków, to będzie to działało na twoją korzyść, jeśli następnym razem rzeczywiście spotkasz potencjalnego partnera życiowego. Taka sytuacja sama w sobie jest wystarczająco podniecająca i nie musisz wzmacniać napięcia, stawiając sobie zbyt wysokie cele, chcąc od razu zbyt wiele. Nie frustruj samej siebie, żądając od siebie, a także od niego nierealistycznych, nieosiągalnych kroków.

Kiedy nauczysz się docierać do celu małymi krokami, będziesz w kontakcie z innymi bardziej odprężona. Poza tym będziesz miała więcej zaufania do siebie przez fakt, że osiągając swoje pośrednie cele, nauczysz się kontrolować przebieg swoich kontaktów.

Możesz to ćwiczenie – na próbę – przeprowadzić ze znajomymi, których już trochę znasz lub z ludźmi, z którymi się już zaprzyjaźniłaś. Najprawdopodobniej będzie to miało pozytywny wpływ tak na ciebie, jak też na nich samych. A przy następnym potencjalnym partnerze życiowym będziesz już profesjonalistką w zakresie pierwszej fazy poznawania się.

Zakończenie

Włącz innych

Bardzo prosta rada na zakończenie: opowiedz swoim przyjaciółkom i przyjaciołom, że chciałbyś poznawać nowych ludzi, ażeby w ten sposób być może poznać nową życiową partnerkę. Powiedz im wprost, że nie chodzi o to, że mają cię swatać, ale po prostu chciałabyś częściej spotykać nowych ludzi.

Każdy człowiek dostaje od czasu do czasu zaproszenie na jakieś święto, przyjęcie, imprezę czy parapetówę. Każdy otrzymuje możliwość wzięcia udziału w wydarzeniach, podczas których spotyka się innych ludzi. Taka impreza może szybko okazać się nudna, gdy zostaniemy zaproszeni sami. Jeśli natomiast można zabrać dwoje lub troje przyjaciół, może nam to sprawić ogromną radość. Zaproponuj więc, żeby nie odrzucali takich zaproszeń, lecz wybrali się razem z tobą na kolejne przyjęcie, na następną uroczystą okazję.

Jeśli nie chcesz przyjaciół prosić o coś takiego, możesz umówić się z dwojgiem lub trojgiem innych znajomych, którzy także szukają partnerów. Wpiszcie się na listy adresowe w galeriach i muzeach, żeby w ten sposób być informowanym o wernisażach i imprezach. Zbierajcie informacje o miejscach, gdzie spotykają się różni ludzie, miejscach, w których można łatwo nawiązywać kontakty. Dowiedzcie się w księgarni o wieczorach autorskich oraz wykładach, a następnie idźcie tam razem. Eksperymentujcie z nawiązywaniem znajomości. Poprzednie ćwiczenia w tej książce mogą wam w tym bardzo pomóc.

I cieszcie się tym! Kto wie, być może już wkrótce coś naprawdę zaiskrzy!!!

Nota o autorze

Daan van Kampenhout (ur. 1963 w Holandii), pełen poczucia humoru nauczyciel i wzięty wykładowca międzynarodowych seminariów, założyciel *Praktyki Rytuałów Systemowych*® łączących ustawienia systemowe z rytuałami nowoczesnego szamanizmu, autor siedmiu książek i wielu artykułów przetłumaczonych na dziewięć języków. Nagrał trzy płyty z bezsłownymi pieśniami, które od wielu lat słyszy w swoich snach. Wiele podróżował, poznał u źródeł tradycyjny szamanizm różnych kultur ucząc się bezpośrednio od nauczycieli tamtejszych tradycji duchowych. Od wczesnych lat doświadczał świadomego śnienia, za swoich największych nauczycieli uważa przewodników i pomocników duchowych, pojawiających się w jego snach, podczas transowych ceremonii oraz indywidualnej pracy z klientami. Jest uznanym praktykiem i propagatorem nowoczesnego szamanizmu. W roku 2005 odwiedził obóz koncentracyjny w Oświęcimiu-Brzezince, napisał wtedy *Tears of Ancestors* (*Łzy przodków. Ofiary i sprawcy w duszy plemienia*), nowatorską książkę o problemach wynikających ze zbiorowej traumy. Po polsku ukazała się dotychczas w Wydawnictwie KOS jedna książka *Rytuały szamańskie a ustawienia rodzinne (z przedmową Berta Hellingera)* Katowice 2006. W przygotowaniu *Cztery kierunki. Wprowadzenie do pracy z szamańskim kołem życia.*

www.daanvankampenhout.com

SZAMAN
To Twój miesięcznik!
...leczy ciało i duszę
UKAZUJE SIĘ OD 1990 R.
medycyna niekonwencjonalna
jak żyć w zgodzie z naturą
ćwiczenia dla poprawy zdrowia
bioterapia
targi zdrowia
porady
horoskop

Wydawnictwo KOS
40-110 Katowice, ul. Agnieszki 13
tel./fax 032 258-40-45; 032 258-26-48, 032 258-27-20
e-mail: kos@kos.com.pl http://www.kos.com.pl

Zamówienia przyjmujemy pocztą, telefonicznie i przez Internet

---

Bert Hellinger
Daj mi rząd dusz

Książka ta pokazuje wymiar duchowy i religijny ustawień rodzinnych. Dzięki ustawieniom możemy bowiem doświadczyć, że jesteśmy włączeni w większe konteksty i porządki, które biorą nas na służbę niezależnie od naszych życzeń i lęków. W listach, rozmowach, opowieściach, ustawieniach i wykładach Bert Hellinger zastanawia się nad tym, jak określone obrazy i postawy religijne działają w duszy. Sama tajemnica religijna pozostaje przy tym nienaruszona. Autor szanuję ją – jako tajemnicę. Swoimi tekstami zachęca czytelnika, żeby zaufał swoim własnym doświadczeniom i dał się im prowadzić. Jednocześnie książka ta dokumentuje drogę, jaką przebył Bert Hellinger, twórcy ustawień rodzinnych. Pierwszy tekst pochodzi z roku 1972, kiedy był jeszcze księdzem, ostatni z ubiegłego roku, w którym, w przededniu osiemdziesiątych urodzin, dokonuje swoistego bilansu życiowego. Kolejne rozdziały stanowią próbę znalezienia odpowiedzi na najważniejsze pytanie, które stale mu towarzyszy: Komu służę – człowiekowi czy idei?

Daan van Kampenhout
Rytuały szamańskie a ustawienia rodzinne

Daan van Kampenhout i Bert Hellinger prowadzili długą i intensywną korespondencję na temat relacji między szamanizmem a ustawieniami rodzinnymi. Omawiane przez nich zagadnienia i idee stały się podstawą niniejszej książki, w której dynamiki pracy systemowej Hellingera są szczegółowo opisane i objaśnione z punktu widzenia tradycyjnego szamanizmu.

Jeremy Rifkin, Ted Howard
Entropia. Nowy światopogląd

„Entropia" to książka o ekologii i potrzebie zmiany stylu życia społeczeństw konsumpcyjnych. Autor twierdzi, że stoimy na progu nowego światopoglądu, który będzie bardziej zgodny z naturą człowieka i samego wszechświata. W nowym paradygmacie świata dominującą rolę będzie odgrywać emocjonalny i duchowy rozwój człowieka oraz szacunek i ochrona Ziemi. Jeremy Rifkin w swojej książce twierdzi, że nowy pojawiający się światopogląd to Prawo Entropii. Z naukowego punktu widzenia Prawo Entropii to drugie prawo termodynamiki. Mówi ono, że energię można przetworzyć zawsze w jednym kierunku, z energii użytecznej w bezużyteczną lub ze stanu skoncentrowanego w rozproszony.

Marcel Messing
Bezdrożny ląd

„Bezdrożny ląd" jest w dorobku autora pozycją szczególną. Książka powstała w trakcie pobytu we francuskich Pirenejach, w całkowitym odosobnieniu. Utwór składa się z krótkich esejów, traktujących o najważniejszych zagadnieniach nurtujących współczesnego człowieka. Nie odnosząc się do religii, świętych pism czy wybitnych postaci, stanowi niejako esencję duchowego i filozoficznego dorobku ludzkości. Messing konsekwentnie pozbawia nas iluzji narosłych w trakcie duchowych poszukiwań – stanowczo i wyraźnie ukazując to, co jest naprawdę i czym rzeczywiście jesteśmy. Jest to perspektywa znacznie szersza od koncepcji sugerowanych przez różne systemy wierzeń bądź modne ostatnio kierunki New Age. Przesłanie autora napawa nadzieją i optymizmem, a uważny Czytelnik z pewnością pojmie, jak można je zrealizować...

Carl Johan Calleman
Kalendarz Majów i transformacja świadomości

Książka dr Carla Callemana jest fascynująca z kilku względów. Po pierwsze, czytelnik może zapoznać się z jednym z największych i najbardziej zagadkowych osiągnięć starożytności – z samym kalendarzem Majów, w tym ze słynnym świętym kalendarzem tzolkin. Po drugie, każdy może samodzielnie sprawdzić na dowolnej, wybranej przez siebie ewolucji jakiegoś aspektu historii człowieka, czy chronologia wydarzeń rzeczywiście podlegała cyklom podanym przez Majów. Po trzecie zaś, przekonawszy się, że historia rozwoju ludzkości istotnie podlegała rytmom opisanym przez kalendarz Majów, czytelnik może zastosować ten kalendarz do świadomej refleksji na temat przyszłości własnej, przyszłości ludzkości, przyszłości naszej planety.

Ambika Wauters
Anielska wyrocznia

„Anielska wyrocznia" powstała z zainteresowań aniołami i znaczeniem ich fenomenu oraz z zachwytu nad tym, jak dopełniają naszą fizyczną rzeczywistość i pomagają się nam rozwinąć. Świadomość istnienia aniołów wzrasta, kiedy otwieramy się i ufamy ich sile uczynienia naszego życia szczęśliwszym i radośniejszym. Anioły mogą stać się częścią także twojej codzienności. Kiedy zaczniesz zaznajamiać własne wnętrze z różnymi typami anielskiego przewodnictwa, odczujesz ich życzliwą i przychylną naturę oraz wszechstronność jako duchowych przewodników. Są przy nas po to, by wskazywać ścieżki, na których odnajdziesz radość i spokój. Oferują konkretną pomoc, a także pocieszenie w trudnych sytuacjach oraz w samotności. A ponad wszystko przynoszą bezwarunkową miłość i światło ze Źródła. Z taką intencją powstała „Anielska wyrocznia" – byś mógł odnaleźć wszelkie anielskie właściwości w sobie i uznać osobistą projekcję aniołów jako cząstkę własnej Boskiej Natury.

Rick Carson
Poskramianie swojego gremlina

Niniejsza książka to w pełni uaktualnione wydanie klasycznego dzieła z roku 1983, które przedstawiało skuteczną metodę uwolnienia się od blokujących nas zachowań i przekonań. Rick Carson, twórca słynnej Metody Poskramiania GremlinaTM, uzupełnił książkę, włączając nowe ćwiczenia interaktywne, przykłady z prawdziwego życia, z którymi wszyscy możemy się identyfikować, oraz nowe obmierzłe gremliny dojrzałe do poskromienia. Carson łączy swój swobodny styl, taoistyczną mądrość, teorię zmiany w ujęciu zen oraz solidną psychologię w zrozumiały, niepowtarzalny i praktyczny system dla przegnania tkwiącej w nas klątwy. Wśród rzeczy, których się nauczysz, są: • techniki uzyskiwania odstępu pomiędzy naturalnym sobą a potworem własnego umysłu, • nadzwyczajna moc po prostu zauważania oraz bawienia się możliwościami, • sześć kluczy do utrzymania równowagi emocjonalnej pośród wrzenia.

Samy Molcho
Język ciała dzieci

Samy Molcho przybliża dorosłym świat dzieci, opisując i wyjaśniając dziecięce sygnały i gesty, jeszcze nie zafałszowane i dzięki temu spontaniczne. Autor zajmuje się możliwościami wyrażania uczuć i emocji za pomocą ciała u dzieci. Te środki wyrazu są znacznie bardziej bezpośrednie niż u dorosłych, co nie oznacza, że można je zawsze interpretować jako oczywiste. W sposób niezwykle ciekawy i nie pomijając nawet najdrobniejszych szczegółów, Samy Molcho prowadzi nas przez rozwój dziecka od okresu prenatalnego aż po wiek szkolny, umożliwiając w ten sposób dorosłym zdrowe i jednoznaczne relacje z dziećmi. Obserwacje są zilustrowane ekspresyjnymi fotografiami Naomi Baumgartl.